主管　中华人民共和国教育部
主办　上海外国语大学
承办　中国外语战略研究中心

LANGUAGE POLICY & LANGUAGE EDUCATION
语言政策与语言教育

主编　陈坚林

**2019年
第 2 期**

复旦大學出版社

《语言政策与语言教育》

主管：中华人民共和国教育部
主办：上海外国语大学
承办：中国外语战略研究中心
出版：复旦大学出版社

顾问委员会（按姓氏音序排列）

曹德明　陈章太　戴庆厦　戴炜栋　〔英〕R.菲利普森　冯增俊　〔英〕M.赫兹菲尔德
〔美〕N.洪伯格　李宇明　〔美〕T.里根　〔加拿大〕T.里森托　陆俭明
〔澳〕J.洛比昂科　〔德〕W.玛茨凯维茨　〔英、约旦〕Y.苏雷曼
〔泰〕布里姆诗丽拉特　〔美〕J.托勒夫森　文秋芳　〔瑞典〕B.颜诺　游汝杰

编辑委员会

主　任：赵蓉晖
委　员（按姓氏音序排列）：

蔡基刚　蔡永良　陈超明　陈坚林　陈新仁　程晓堂　戴曼纯　范俊军　冯学锋
高雪松　高一虹　郭龙生　郭　熙　何俊芳　何婷婷　侯　敏　胡范铸　黄少安
黄　行　黄忠廉　金基石　亢世勇　李国英　刘海涛　鲁子问　陆经生　梅德明
穆　雷　潘文国　束定芳　苏金智　苏新春　〔瑞士〕图　尚　王　辉　王建勤
王培光　王雪梅　王远新　徐大明　徐　杰　许慈惠　杨尔弘　于锦恩　俞理明
战　菊　张建国　张日培　张维佳　张治国　赵红弢　赵世举　赵小兵　周洪波
周　荐　〔美〕周明朗　周庆生

编辑部地址：上海市大连西路550号上海外国语大学5号楼607室
通信地址：上海市大连西路550号338信箱　　邮编：200083
联系电话：021-35372364　　电子信箱：lple2015@163.com
网址：http://www.iol.shisu.edu.cn 或者 http://www.rcfls.shisu.edu.cn

声明：本刊不以任何形式收取版面费。文责自负。

Language Policy & Language Education

Sponsored by Ministry of Education, P. R. China
Directed by Shanghai International Studies University
Edited by Research Center for Foreign Language Strategies
Published by Fudan University Press

Consultants (in Pinyin order)
Cao Deming, Chen Zhangtai, Dai Qingxia, Dai Weidong, Feng Zengjun, M. Herzfeld, N. Hornberger, B. Jernudd, Li Yuming, J. Lo Bianco, Lu Jianming, W. Mackiewicz, R. Phillipson, Premsrirat, T. Reagon, T. Ricento, Y. Suleiman, J. Tollefson, Wen Qiufang, You Rujie

Editorial Board
Chairman: Zhao Ronghui
Members (in Pinyin order)
Cai Jigang, Cai Yongliang, Chen Chaoming, Chen Jianlin, Chen Xinren, Cheng Xiaotang, Dai Manchun, Fan Junjun, Feng Xuefeng, Gao Xuesong, Gao Yihong, Guo Longsheng, Guo Xi, He Junfang, He Tingting, Hou Min, Hu Fanzhu, Huang Shaoan, Huang Xing, Huang Zhonglian, Jin Jishi, Kang Shiyong, Li Guoying, Liu Haitao, Lu Ziwen, Lu Jingsheng, Mei Deming, Mu Lei, Pan Wenguo, Shu Dingfang, Su Jinzhi, Su Xinchun, F. Tochon, Wang Hui, Wang Jianqin, Wang Peiguang, Wang Xuemei, Wang Yuanxin, Xu Daming, Xu Jie, Xu Cihui, Yang Erhong, Yu Jinen, Yu Liming, Zhan Ju, Zhang Jianguo, Zhang Ripei, Zhang Weijia, Zhang Zhiguo, Zhao Hongtao, Zhao Shiju, Zhao Xiaobing, Zhou Hongbo, Zhou Jian, Zhou Minglang, Zhou Qingsheng

Correspondence: Editorial Office of Research Center for Foreign Language Strategies
Address: Mailbox 338, Shanghai International Studies University, Shanghai 200083, P. R. China
Tel: 021 - 35372364   **E-mail**: lple2015@163.com
Website: http://www.iol.shisu.edu.cn   or   http://www.refls.shisu.edu.cn

Declaration: This print does not charge layout fee in any form. The writer is responsible for the consequences of his/her article.

LPLE
Language Policy & Language Education

LPLE
《语言政策与语言教育》

2019 年 第 2 期
（总第 10 期）
（半年刊）

主　编：陈坚林
副主编：王雪梅
　　　　赵守辉〔澳〕
编　辑：宫同喜
　　　　武春野
　　　　刘新国
责任编辑：陈彦婕
封面设计：杨倩倩

目　录

语言政策研究

1　中国少数民族语言政策制定研究 …………………………… 张治国　张晓瑜

12　英国移民语言政策研究及启示 ……………………………………… 张鑫慧

21　肯尼亚语言教育政策演变及发展现状 ……………………………… 张军广

语言教育规划研究

30　边疆民族地区高校英语教师 TPACK 现状、归因及对策研究…… 于庆玲　朱小超

41　世界一流大学人才培养目标与路径研究 …………………… 田新笑　王雪梅

52　基于教与学的抽样调查，透视"一年两（多）考"的利弊及对策 ………… 耿鎏

语言教育研究

61　大学英语文化网课制作及使用的行动研究 ………………………… 高蕊

69　基于"优慕课"的综合英语混合式教学研究 ……………………… 张艳波

80　建构主义视域下写作课程的混合教学研究
　　——以慕课和批改网平台为例 …………………………… 李芙蓉　陈坚林

评述与书评

95　《欧洲语言共同参考框架：学习、教学、评估》新变 ……………… 王正胜

105　采撷语言工作硕果，谱写政策时代新篇
　　——《新中国语言文字工作论》读后 …………………… 曲娟　周玉琨

111　《大众文化、话语及语言多样性——线上线下的年轻人》述评 ………… 吴佳

Contents

Language Policy Studies

A Study of Minority Language Policy-making in China
Zhang Zhiguo   Zhang Xiaoyu

Research on British Immigration Language Policy and Its Implications
Zhang Xinhui

The Evolution and Development of Language Education Policy in Kenya
Zhang Junguang

Language Education Planning Studies

A Study on EFL Teachers' TPACK Level in Northwest Minority Areas
Yu Qingling   Zhu Xiaochao

Research on Talent Cultivation of World-class University: Aims and Paths
Tian Xinxiao   Wang Xuemei

A Study on the "Twice-a-year Matriculation Exams" Based on Analyzing Changes in Teaching and Learning
Geng Jun

Language Education Studies

Online-course Action Research: Design and Application of College English Culture Course
Gao Rui

A Study on the Blended Teaching Mode in Comprehensive English Teaching Based on UMOOC
Zhang Yanbo

A Study on the Blended Learning of Writing on a MOOC Course
Li Furong   Chen Jianlin

Book Reviews

Changes of *Common European Framework of Reference for Languages: Learning, Teaching and Assessment*
Wang Zhengsheng

Pick the Fruits of Language and Characters, Write a New Chapter of the Policy Era — *On Work of Language and Characters in P. R. China*
Qu Juan   Zhou Yukun

Review of *Popular Culture, Voice and Linguistic Diversity: Young Adults On- and Offline*
Wu Jia

LPLE

Language Policy

Language Educati

No. 2, 2019

(General Serial No.

Editor-in-chief: Chen Jia

Deputy Editor-in-chief:
  Wang Xuemei
  Zhao Shouhui

Editors: Gong Tongxi
  Wu Chunye
  Liu Xinguo

Published by Fudan Univ Press

Tele: 021 - 35373672
E-mail: lple2015@163.com
Website: http://wwwiolshisuedu
  or http://wwwreflsshisued

中国少数民族语言政策制定研究

上海海事大学　张治国，北京新年华培训学校　张晓瑜

摘要：本文以"中国法律法规大全"数据库为语料，从地位规划、本体规划和习得规划三个角度分析中国少数民族语言政策的制定状况。研究结果表明，中国在法律法规方面非常重视少数民族语言的地位规划，并给予其较高的地位；由于语言本体的专业性，中国的法律法规较少提及少数民族语言的本体规划；在习得规划方面，中国的法律法规有较多的相关条款，并给予少数民族语言较好的生存与传承空间。但文章最后指出，法律法规的制定仅仅是语言政策循环系统中的一个环节，现实的复杂性以及政策实施的艰难性都很有可能阻碍语言政策的发展。

关键词：法律法规文本；少数民族语言政策；中国

1. 引言

　　语言文字是民族的基本特征之一，它们在民族文化的继承与发展中起着至关重要的作用。我国的少数民族语言是指国家主体语言(即汉语)之外的语言，它们是我国社会语库(linguistic repertoire)中的重要组成部分，也是我国语言政策的对象之一。其中，53个民族有自己的语言，数量超过80种。然而，我国学界对这些语言的政策研究较少，现有研究主要体现在以下两方面：一是从国家层面对重要的少数民族语言政策的回顾、解读或评论(如周炜，2002；乌兰那日苏，2007；钟江华，2013；李爱莲，2010；黄行，2014)，二是从语言政策或法律法规角度对我国少数民族语言教育或应用的研究(如高崇慧，2002；万明钢、刘海健，2012；赵丽芳，2016)。这些研究在一定程度上推进了我国少数民族语言政策的发展，但尚缺乏如下两方面内容：在研究对象方面，甚少涉及省级层面的政策研究；在研究方法方面，鲜见研究数据的定量收集。故此，本文拟依照我们对相关法律法规文本的统计数据，从语言的地位规划、本体规划和习得规划三个角度来研究我国在国家及省级两个层面的少数民族语言政策制定状况，从中找出并分析我国少数民族语言政策在制定方面的特点，进而为我国少数民族语言政策乃至全国语言政策的研究提供一些参考数据。

2. 理论概念

2.1 语言政策的划分

　　Cooper(1989)认为，语言规划或语言政策包括地位规划、本体规划和习得规划三部

分。语言的地位规划就是语言功能(如国语或官方语言)的划分或者确定语言在不同使用域(domain)中的角色,使得众多语言各安其位、各司其职,和谐相处。语言的本体规划指发展语言的文字化(如语言书写体系的选择)、规范化(如词汇的净化)和现代化(如语言的信息化)。语言的习得规划就是规划某些语言使用域(主要是学校域)中的语言教育或语言传播,也就是"大家通常所说的语言教育政策"(斯波斯基,2011:55),其具体内容主要包括选择教学媒介语(medium of instruction),规划本国语言(包括主体语言和少数民族语言),以及外语的课程选择与教育等(张治国,2012)。

2.2 语言政策和语言管理的关系

斯波斯基(2016)指出,语言管理(language management)是语言政策的一部分,但语言政策需要通过语言管理来体现或实施,而语言管理可以发生在社会的众多范围里,即语言使用域。他提出了以下十大常见语言使用域:家庭域、学校域、工作域、公共域、司法医疗域、宗教域、军队域、语言活动者群体域、政府域和超国家组织域。我们可以通过语言使用域的语言使用情况来体现或反映语言政策。

2.3 语言政策的表现形式

语言政策可以体现为隐性和显性两种状态(Schiffman,1996),隐性语言政策主要体现在官方的语言意识形态上(如有关语言的观点和态度),而显性语言政策往往表现在法律、动议和政府文件等形式上(斯波斯基,2011)。法律法规是各国其他相关动议和政府文件出台的基础,也是各类政策的灵魂,语言政策领域中的法律法规也不例外。语言立法是语言政策的最高体现,将语言政策通过法律的形式确定下来并加以实施(陈章太,2015)。有关语言的法律法规也是语言管理中最显著的表现形式。因此,法律法规是语言政策研究的常用视角之一(Grin,2006)。

2.4 语言政策的循环系统

语言政策一般都要经过语言政策研究、语言政策制定、语言政策实施、语言政策评价和语言政策修订或终结五个环节,从而形成一个完整的语言政策循环或语言政策周期(language policy cycle)。在这个循环系统中,缺少任何一个环节都是不科学的,都难以取得语言政策的最佳效果(Anderson,2003;Canagarajah,2006)。

3. 研究设计

本文收集的是有关中国少数民族语言政策的法律法规文本资料,而法律法规是指我国现行有效的法律、行政法规、地方法规、部门规章及其他规范性文件,以及对于该等法律法规的不时修改和补充。资料源来自互联网可下载的一款有关"中国法律法规大全"的多特软件(电子版3.5版),它收集了我国从1949年到2008年间共12万余条法律法规,是"至今为止收集法规最全面、操作最简单的法律法规数据库软件"。[①] 本文的资料收集顺序如下：

首先，根据国家及地方两个维度来确定法律法规文本的层级范围。本文的收集范围包括国家法律法规及部分省或自治区(本文统称为省份)的法律法规。随着我国经济的繁荣发展，人口流动更加频繁，全国各省都有或多或少的少数民族，但"大分散、小集中"是其普遍的分布特点。因此，在省级范围中，本文仅选择少数民族比较集中的7个省级单位：内蒙古、新疆、广西、宁夏、西藏、云南和吉林。前五个是以少数民族为特色而设立的自治区，而云南是我国少数民族最多的省，吉林是我国较大的一个少数民族——朝鲜族的聚集地。省级以下行政单位(如市、县)出台的法规不在本文的资料收集范围内。

其次，根据文本标题、颁发机构及内容来确定法律法规文本的内容范围。在数据库中，寻找法律法规的标题中含有"语言"的文本。至于标题中不含"语言"的文本，我们通过以下两种办法来寻找：第一，根据法律法规的制定机构寻找文本，通过关键词"语委"来寻找由国家及上述七省的语委所颁布的法律法规文本；第二，根据法律法规的内容寻找文本，通过关键词"语言""少数民族语言""汉语或普通话""外语""英语"来寻找相关的法律法规文本。

最后，统计和阅读收集到的资料，排除与少数民族无关的文本，进而得出我国目前国家及七省份内含少数民族语言条款或内容的法律法规本文84个(详见表1)。

表1　涉及我国少数民族语言政策内容的法律法规文本(国家及七省份)统计表

内容	国家	云南	内蒙古	吉林	新疆	广西	西藏	宁夏	总计
文本数	39	12	10	7	6	4	3	3	84
%	46.4	14.3	11.9	8.3	7.1	4.8	3.6	3.6	100

4. 研究结果与分析

现根据国家及省级两个层面的法律法规文本，从地位规划、本体规划和习得规划三个角度统计和分析我国的少数民族语言政策。

4.1 地位规划

4.1.1 国家层面

语言的地位规划主要表现在人们拥有的语言权及语言的功能(即语言在不同使用域所担当的角色)上。在国家层面的39个法律法规文本中，涉及少数民族语言地位规划的

---

① 中国法律法规大全(电子版)，http://www.duote.com/soft/5025.html。

有12个,其中法律文本9个:《中华人民共和国宪法》(1954)、《中华人民共和国刑事诉讼法》(1979)、《中华人民共和国法院组织法(修订本)》(1983)、《中华人民共和国民族区域自治法》(1984)、《中华人民共和国行政诉讼法》(1990)、《中华人民共和国民事诉讼法》(1991)、《中华人民共和国刑事诉讼法(修正)》(1996)、《中华人民共和国国家通用语言文字法》(2000)、《中华人民共和国民族区域自治法(修正)》(2001)。在这12个文本中,有关少数民族语言地位规划的具体条款内容可总结为如下三方面(见表2):

表2 国家层面涉及少数民族语言地位规划的内容总结表

序号	条款内容
1	"各民族都有使用和发展自己的语言文字的自由。"
2	"民族自治地方的自治机关在执行职务的时候,依照本民族自治地方自治条例的规定,使用当地通用的一种或者几种语言文字。"
3	"民族自治地方的人民法院和人民检察院应当用当地通用的语言审理和检察案件,并合理配备通晓当地通用的少数民族语言文字的人员。"

据表2,国家对少数民族语言地位规划的内容主要体现在"一权二域"上:"一权"是指语言权(见表2第1条),即保障少数民族使用本民族语言的权利与自由;"二域"是政府域和司法域(见表2第2、3条),这两个域要提供多语服务,以保证少数民族语言使用者的根本利益。这两个域是人权保障的最低要求,也是政府可以做到的,而有些语言使用域(如家庭域、宗教域)是政府无法也不便干预的。

4.1.2 省级层面

人民代表大会是我国唯一的立法机关,各省或自治区无权制定本省的法律,但可以出台当地的法规。在七省份的相关法规文本中,含有少数民族语言地位规划内容的文本数有23个(见表3)。

表3 七省份法规文本中含少数民族语言地位规划的文本数及其比例

内容	云南	内蒙古	吉林	新疆	广西	西藏	宁夏	总计
语言规划文本数	12	10	7	6	4	3	3	45
地位规划文本数	9	4	4	4	1	1	0	23
%(地位规划)	75.0	40.0	57.1	66.7	25.0	33.3	0	51.1

如表3所示,我国少数民族主要聚集的省份都制定了含有少数民族语言地位规划的法规,其特点有三:第一,除宁夏和广西外,各省份有关语言地位规划的文本比例都超过本省文本总数的三分之一,这说明各省都比较重视本省少数民族语言的地位规划;第二,在七省份中,云南和新疆有关语言地位规划的文本比例最高,分别占75%和66.7%,这可

能与两省拥有较多的少数民族语言及跨境语言有关;第三,宁夏尽管是回族人口的主要聚集区,但他们基本都使用汉语,所以,该自治区没有特定的较大的少数民族语言,其语言法规也就没有任何有关少数民族语言地位规划的条款(本体规划和习得规划情况也是如此,下文不再重述)。

七省份法规文本中有关少数民族语言地位的内容要点列表如下(见表4):

表4 七省份法规文本中有关少数民族语言地位规划的内容小结表

省 份	相关条款的主要内容
云 南	(1)"自治区各级国家机关在执行职务时,藏语文和国家通用语言文字具有同等效力。"(2)"自治区企事业单位的工作会议,根据需要使用通用的一种语言文字或者两种语言文字。"(3)"自治区各级司法机关在司法活动中根据需要使用当地通用的一种语言文字或者几种语言文字,保障各民族公民使用本民族语言文字进行诉讼的权利。"
内蒙古	(1)"市人民代表大会举行会议和印发文件,通用蒙古语言文字和汉语言文字。"(2)"当事人有使用本民族语言、文字参加劳动争议调解、仲裁的权利。"(3)"依法保障少数民族未成年人有学习和使用本民族语言、文字的自由。"
吉 林	(1)"各民族都有使用和发展自己的语言文字的自由。"(2)"自治州自治机关在执行职务的时候,通用朝、汉两种语言文字,以朝鲜语言文字为主。"(3)"自治州内企事业单位召开会议和下发文件、布告,应当同时或者分别使用朝、汉两种语言文字。"(4)"自治州中级人民法院和人民检察院应当用朝、汉两种语言文字审理和检察案件,保障各民族公民都有使用本民族语言文字进行诉讼的权利。"(5)"少数民族有使用本民族语言和文字参与仲裁的权利。"
新 疆	(1)"各民族都有使用和发展自己的语言文字的自由。"(2)"自治区的自治机关执行职务时,同时使用维吾尔、汉两种语言文字,根据需要,也可以使用其他民族的语言文字。"(3)"各级国家机关、公安司法机关、人民团体在受理或接待各民族公民来信、来访时,应当使用来信来访者通用的语言文字进行答复和处理问题,或为他们翻译。"(4)"各族公民都有使用本民族语言文字进行诉讼的权利。"
广 西	(1)"各民族公民都有用本民族语言、文字参加调解或仲裁活动的权利。"
西 藏	(1)"自治区各级国家机关在执行职务时,藏语文和国家通用语言文字具有同等效力。"(2)"自治区企事业单位的工作会议,根据需要使用通用的一种语言文字或者两种语言文字。"(3)"自治区各级司法机关在司法活动中根据需要使用当地通用的一种语言文字或者几种语言文字,保障各民族公民使用本民族语言文字进行诉讼的权利。"
宁 夏	无

据表4,七省份对少数民族语言地位规划的内容主要体现在"一权三域"上:即语言权、政府域、司法域和工作域(即企事业单位)。但七省份都细化了语言权的内涵,即各民族都有用本族语言文字参加劳动争议调解和仲裁的权利。此外,上述七省份在语言地位规划方面具有以下四个显著特点:第一,遵守国家宪法及其他相关法律,如各省份都提到民族所享有的语言权;第二,突出本省份的语言特点,如云南和西藏的藏语、新疆的维吾尔语、吉林的朝鲜语、内蒙古的蒙语;第三,细化语言权(即母语在劳动争议调解和仲裁中的

使用权)和扩展本省份双语或多语的使用域(即工作域)。

4.2 本体规划

4.2.1 国家层面

语言的本体规划主要表现在语言书写体系的选择与完善、正字法与正音法的确定、术语的标准化,以及语言的信息化等方面。在国家层面的39个法律法规文本中,涉及少数民族语言本体规划的仅有4个(全是法规文本),且均属高度概括的指导性意见,如"加强少数民族语言文字的规范化、标准化和信息处理工作"。这是因为语言规划,尤其是本体规划,只能确定若干最重要的基本原则,以便统率和指导语言规划的全过程(陈章太,2015)。另外,由于语言的本体规划具有很强的专业性,其详细规划及具体工作更多是由相关专家(如语言学家、计算机专家)来完成,故法律法规文本中有关该方面的条款内容甚少。

4.2.2 省级层面

七省份共有45个有关语言本体规划的法规文本,其中含有少数民族语言本体规划内容的文本仅有8个(详见表5)。

表5 七省份法规文本中含少数民族语言本体规划的文本数及其比例

内容	云南	内蒙古	吉林	新疆	广西	西藏	宁夏	总计
语言规划文本数	12	10	7	6	4	3	3	45
本体规划文本数	1	2	1	3	0	1	0	8
%(本体规划)	8.3	20.0	14.3	50.0	0	33.3	0	17.8

从表5可以看出,各省份含有少数民族语言本体规划内容的文本数较小,所占比例较低。在七省份中,新疆的数量及比例都是最高的,而广西和宁夏两地的法规未涉及任何本体规划的内容。

表6 七省份法规文本中有关少数民族语言本体规划的内容小结表

省份	相关条款的主要内容
云南	(1)"加强对少数民族语言文字的研究、规范和推广工作。"
内蒙古	(1)"用蒙古语言文字授课的学校要推广使用蒙古语标准音。"
吉林	(1)"自治州自治机关设立朝鲜语文工作机构,加强对朝鲜语文的研究和规范化工作。"
新疆	(1)"加强对各族语言文字的使用管理和科学研究,促进各民族语言文字的规范化、标准化。"(2)"自治区语言文字主管部门应制定有关少数民族语言标准语、正字法、正音法等方面的规定。"(3)"机关、团体、企业和事业单位,必须使用经自治区语言文字主管部门审定并公布的正字法、正音法、名词术语、人名、地名,执行有关语言文字的规定。"

(续表)

省　份	相关条款的主要内容
广　西	无
西　藏	(1)"自治区人民政府藏语文工作部门统一规范并颁布藏语文名词术语,促进译文的规范化、标准化。"
宁　夏	无

表6显示,七省份对少数民族语言本体规划的内容和条款都较少,各省份(除宁夏和广西)的主要内容都仅限于语言文字的研究与规范。此外,各省的法规文本均无语言文字书写体系方面的内容,也未涉及语言信息化的内容。不过,这些内容对法规的制定者来说挑战较大,因为他们无法确定或改变少数民族语言的书写体系,同时,也很难预测未来科技发展对语言会有何影响。

4.3　习得规划
4.3.1　国家层面

语言的习得规划主要表现在语言在国内外的教育与推广上。在国家层面的39个法律法规文本中,有21个涉及少数民族语言的习得规划,其中法律文本有4个:《中华人民共和国民族区域自治法》(1984)、《中华人民共和国义务教育法》(1986)、《中华人民共和国教育法》(1995)、《中华人民共和国民族区域自治法(修正)》(2001)。在这21个法律法规文本中,有关少数民族语言习得规划的内容整理如下。

表7　国家层面涉及少数民族语言习得规划的内容总结表

序　号	条　款　内　容
1	"招收少数民族学生为主的学校(班级)和其他教育机构,有条件的应当采用少数民族文字的课本,并用少数民族语言讲课。"
2	"民族自治地方的自治机关教育和鼓励各民族的干部互相学习语言文字。汉族干部要学习当地少数民族的语言文字。"
3	"各级人民政府要在财政方面扶持少数民族文字的教材和出版物的编译和出版工作。"
4	"要尊重和保障少数民族使用本民族语言接受教育的权利。"
5	"努力开发少数民族语的数理化课程。"

如表7所示,国家层面对少数民族语言习得规划的内容有三部分:鼓励把少数民族语言作为教学媒介语的行为;尽力开发使用少数民族语言书写的出版物(尤其是教材);明确少数民族语言学习的主体(即少数民族及汉族干部)。

4.3.2　省级层面

七省份的法规文本中涉及少数民族语言习得规划的文本数量统计如下(见表8):

表8　七省份法规文本中含少数民族语言习得规划的文本数及其比例

内　容	云南	内蒙古	吉林	新疆	广西	西藏	宁夏	总计
语言规划文本数	12	10	7	6	4	3	3	45
习得规划文本数	11	4	5	4	2	3	0	29
%(习得规划)	91.7	40.0	71.4	66.7	50.0	100.0	0	64.4

据表8,云南的法规文本数最多(11个),吉林其次(5个);各省习得规划文本数的比例都很高,其中西藏的最高(100%),云南其次(91.7%),这说明各省份都把语言政策的重点放在了语言的教育与推广上。

七省份有关少数民族语言习得规划文本的主要内容整理如下(见表9):

表9　七省份法规文本中有关少数民族语言习得规划的内容小结表

省　份	相关条款的主要内容
云　南	(1)"教育行政主管部门应当做好民族文字教材的编译、出版、发行工作。"(2)"以招收少数民族学生为主的小学,根据需要用少数民族语言辅助教学,有民族文字的,实行双语教学。"(3)"民族中学可开设傣文选修课。"
内蒙古	(1)"用蒙古语言文字授课的学校要推广使用蒙古语标准音。"(2)"汉语授课加授蒙古语文的考生参加语文、蒙古语文(乙)、数学、外语加文科综合或理科综合科目考试。"(3)"招收蒙古族或者其他少数民族学生为主的学校,应当用本民族通用的语言文字教学。"(4)"依法保障少数民族未成年人有学习和使用本民族语言、文字的自由。"
吉　林	(1)"自治州自治机关结合朝鲜族教育的特点,确定朝鲜族中、小学的学制、课程计划和有关学科的课程标准,编译出版朝鲜文的各科教材、参考资料及课外读物。"(2)"自治州自治机关根据实际情况,在州内分别设立以朝、汉两种语言文字授课的中、小学校,也可以设立朝、汉两种语言文字分班授课的中、小学校。"(3)"自治州内高等院校、中等专业学校入学考试时,各民族考生可以用本民族语言文字答卷。用朝鲜文答卷的考生,语文考试应当包括朝鲜语文和汉语文。"(4)"自治州自治机关重视发展朝鲜语文的新闻、出版、广播、电视事业。"(5)"招收少数民族学生为主的学校,可以用本民族通用的语言文字教学。"
新　疆	(1)"在少数民族聚居地方用汉语授课的中、小学校,可以适当开设当地通用的少数民族语言文字课。"(2)"各级人民政府应当教育和鼓励各族人民互相学习语言文字。汉族干部要学习当地少数民族的语言文字。"(3)"各级人民政府应当保障少数民族科技人员、文艺工作者使用本民族语言文字从事科学研究、发明创造、撰写论文、著述、进行文艺创作和演出。"
广　西	(1)"在壮族地区和其他少数民族地区,可以用本民族语言文字教学,也可以用当地各民族通用的语言文字教学。"
西　藏	(1)"义务教育阶段,以藏语文和国家通用语言文字作为基本的教育教学用语用字,开设藏语文课程。"(2)"自治区鼓励和提倡各民族相互学习语言文字。藏族干部职工在学习使用藏语文的同时,应当学习使用国家通用的语言文字;汉族和其他少数民族干部职工也应当学习使用藏语文。"(3)"自治区积极发展藏语文的教育、新闻、出版、广播、影视等事业。"
宁　夏	无

如表9所示,七省份对语言习得规划的主要内容可归结为如下几个方面:教学媒介语;出版物(尤其是教材);具体的少数民族语言课程(如云南的傣语、内蒙古的蒙古语、吉林的朝鲜语、西藏的藏语);双语教学(少数民族语言+汉语);少数民族语言在媒体中的应用(吉林);少数民族语言在科技文艺中的应用(新疆);少数民族语言学习的主体(少数民族及民族干部)。

4.4 综合分析
4.4.1 三类规划的法律法规文本数及比例各不相同

根据4.1至4.3的内容,国家及省份两个层级有关少数民族语言地位规划、本体规划和习得规划的文本数整理如下(见表10):

表10 国家及省份对少数民族语言三类规划的文本数及比例表

层级	文本总数	地位规划		本体规划		习得规划	
		文本数	比例(%)	文本数	比例(%)	文本数	比例(%)
国家	39	12	30.8	4	10.3	21	53.8
七省	45	23	51.1	8	17.8	29	64.4
合计	84	35	41.7	12	14.3	50	59.5

注:表中三类语言规划的文本数之和大于文本总数,比例之和超过百分之百,这是因为有些本文同时属于两类,甚至三类语言规划,会出现文本重复统计的现象。

如表10所示,不管是国家层面,还是省级层面,或是两个层面的结合,在三类语言规划中,习得规划的文本数和比例都是最高的,而本体规划最低。这说明习得规划涉及面最广且实施起来最复杂,故需要出台更多的法律法规加以指导和管控,而本体规划是语言专业性最强的一个,故法律法规的制定者无须也无法做出太多太细的规定与指导。

4.4.2 三类规划的法律法规文本内容比较丰富

对比语言政策三类规划的理论内容与上述的实际状况,可以说,有关中国少数民族语言的法律法规文本在内容上比较丰富:在地位规划方面,明确了我国少数民族语言的地位,梳理了各民族语言间的关系,突出了少数民族的语言权,指明了少数民族语言在几个关键使用域中的角色;在本体规划方面,强调了少数民族语言文字的研究与规范;在习得规划方面,明确了少数民族语言在教育对象、教育手段和教育内容中的地位与应用。但在省级的法律法规文本上仍存在某些不足:在地位规划方面,明确得到重视的仅有五大语言(即藏语、维吾尔语、蒙语、朝鲜语和傣语),但各省还有很多其他的少数民族语言未能出现在本省相关的法规中;在本体规划方面,没有任何有关语言文字书写体系的内容,其实,我国还有不少语言的文字书写系统尚待开发和完善,以便提高它们的文字信息化水平;在习得规划方面,各省级法规本文中未见任何有关弱势少数民族语言进当地学校(如作为课程或讲座)的内容。

4.4.3 三类规划的法律法规文本意义重大

这些法律法规文本的制定,为各民族的语言平等提供了法律保证,使我国有关少数民族的语言管理工作有法可依,也为少数民族人民营造了一个健康、有序的语言环境,对维护民族团结、社会稳定和国家统一起到了很好的作用。中国作为一个多民族、多语言的国家,更需要依靠法律法规来维持和管理语言生态和语言发展。然而,法律法规文本的制定仅仅是语言政策循环系统中的一个环节,中国的少数民族语言政策在实施环节上面临着许多问题,遇到不少挑战(Zhou,2004;哈正利,2009)。可见,语言规划是一项复杂的、艰巨的、长期的任务。在这个漫长的过程中,我们要不断加强对少数民族语言规划理论的研究,同时全面调查少数民族的语言生活和语言问题,以便寻找语言管理对策。

5. 结论

本文的调查研究结果表明,中国在法律法规方面非常重视少数民族语言的地位规划,并给予少数民族语言较高的地位;由于语言本体的专业性,中国的法律法规较少提及少数民族语言的本体规划;在少数民族语言的习得规划方面,中国的法律法规有较多条款,并给予少数民族语言较好的生存与传承空间。另外,相比我国国家层面和地方层面有关少数民族语言的法律法规,国家层面的法律法规更宏观、更抽象,而地方层面的法规更具体、更细化,但后者是在前者的基础上或框架内的延展或地方化,两者相互补充,相得益彰。因此,从语言政策的制定角度来看,我国对少数民族语言的法律法规总体上是比较完善的。尽管语言政策的制定很重要,但它仅仅是语言政策循环系统中的重要一环,现实的复杂性以及语言政策实施的艰难性都很有可能阻碍语言政策的实现,从而破坏语言政策的循环系统。

参考文献:

1. 博纳德·斯波斯基,2011,语言政策:社会语言学中的重要论题[M],张治国译,北京:商务印书馆。
2. 博纳德·斯波斯基,2016,语言管理[M],张治国译,北京:商务印书馆。
3. 陈章太,2015,语言规划概论[M],北京:商务印书馆。
4. 高崇慧,2002,少数民族语言文字的法律保护[J],《云南民族学院学报》(5)。
5. 哈正利,2009,论我国少数民族语言文字政策的完善和创新[J],《中南民族大学学报》(5)。
6. 黄 行,2014,当前我国少数民族语言政策解读[J],《中南民族大学学报》(6)。
7. 李爱莲,2010,建国以来中国少数民族语言文字政策回顾与简评[J],《文学教育》(11)。
8. 万明钢、刘海健,2012,论我国少数民族双语教育——从政策法规体系建构到教育教学模式变革[J],《教育研究》(8)。
9. 乌兰那日苏,2007,我国少数民族语言文字法律保护现状及立法探讨[J],《民族理论与政策》(3)。
10. 张治国,2012,中美语言教育政策对比研究——以全球化为背景[M],北京:北京大学出版社。

11. 赵丽芳,2016,少数民族语言媒体的发展语活力:法律语政策的视角[J],《中国广播电视电视学刊》(10)。
12. 钟江华,2013,语言政策对少数民族语言的影响[J],《贵州民族研究》(3)。
13. 周　炜,2002,西藏语言政策的变迁[J],《西北民族研究》(3)。
14. Anderson, J. E. 2003. *Public Policy-making: An Introduction* [M]. Boston: Houghton Mifflin.
15. Canagarajah, A. S. 2006. Ethnographic methods in language policy [A]. In T. Ricento (ed.), *An Introduction to Language Policy: Theories and Method* [C]. Oxford: Blackwell.
16. Cooper, R. L. 1989. *Language Planning and Social Change* [M] Cambridge: Cambridge University Press.
17. Grin, F. 2006. Economic Considerations in Language Policy [A]. In T. Ricento (ed.), *An Introduction to Language Policy: Theory and Method* [C]. Oxford: Blackwell.
18. Zhou, M. L. 2004. *Language Policy in the People's Republic of China: Theory and Practice Since 1949* [M]. Boston/London: Kluwer Academic Publishers.

作者简介:

张治国,男,上海海事大学外国语学院教授,语言政策和语言规划研究所所长,研究方向:语言政策和语言规划。电子邮箱:zgzhangz@shmtu.edu.cn。

张晓瑜,女,北京新年华培训学校教师,研究方向:语言政策和语言教育。电子邮箱:870944136@qq.com。

英国移民语言政策研究及启示

华东师范大学　张鑫慧

摘要：英国政府出于对国家安全的考虑，从实施移民语言政策以来就不断扩大移民语言测试的范围，提高移民的准入门槛。目前形成的"入境前—永久居留—入籍"三层语言测试体系使英国成为一个难以进入的国家。这种严格的移民语言政策体现出一种"排他性"，同时也存在着缺少语言服务和忽视语言资源等问题。本文在分析和研究英国的移民语言政策后，将视角转向来华国际移民的相关语言问题，提出了一些想法，以期能为相关部门在制定移民语言政策方面提供一些参考。

关键词：移民语言政策；语言测试；来华国际移民

1. 引言

国际移民主要是指"现有居民跨越国界离开出生国或祖籍国，以短期或长期居留为目的前往他国的迁移。游客、短期商务考察者、医疗或宗教朝拜等通常不包括在内"（李明欢，2009：2）。[①] 21世纪以来，移民目的国对外来移民提出语言能力要求，并实施移民语言测试已经成为一个普遍的国际趋势。这种移民语言政策也受到了相关研究组织的关注，例如欧洲语言测试人员协会（ALTE）和欧洲理事会（Council of Europe）对欧洲理事会成员国的成人移民语言政策进行了调查。迄今为止，该组织已经在2007年、2008年、2013年和2018年进行了4次调查。对比前三次调查结果，很明显越来越多的国家将语言能力作为移民申请的重要条件。[②] 和其他国家相比，英国目前形成的"入境—永久居留—入籍"三层语言测试制度体系较为严格。

欧洲以外的国家有着同样的趋势。由巴塞罗那国际事务中心（CIDOB）和移民政策小组（MPG）领导的组织就对世界范围内38个国家[③]的移民政策进行了调查和评估，并形成了移民融合政策指数（MIPEX）。该组织分析了英国2014年的移民融合政策指数后指出，英国的该指数近几年在不断下降，它已经成为移民政策实施最严格的国家之一，并建议英

[①] 本文中的"移民"皆指"国家移民"。
[②] ALTE还未发布2018年的调查结果报告。2007、2009和2013年对移民有语言要求的国家比例依次为58%、75%和78%。
[③] 包括所有欧盟成员国，以及澳大利亚、加拿大、冰岛、日本、韩国、新西兰、挪威、瑞士、土耳其和美国。

国应该改善其移民融合政策。①

本文在这些研究的基础上梳理了英国移民语言政策的发展历程和内容,探讨了英国不断扩大移民测试制度的背景和动因,并分析和总结了其移民政策中存在的问题,从中获得了一些对我国制定移民语言政策的借鉴和启示。

2. 英国移民语言政策的发展历程

2.1 英国移民语言政策的引入和实施

自第二次世界大战结束到 1962 年,英国政府对英联邦国家的移民实行自由入境政策,这一时期大约有 50 万移民涌入。Extra 等(转引自 Hansen,2000:20)指出,就是在这一时期,英国快速从一个基本上同质的国家转变为一个多元文化社会。

1981 年的《英国国籍法》(*British Nationality Act*)颁布后,英国开始对英国国籍申请者提出语言能力要求。该立法要求"想申请成为英国的公民必须具有关于英语(或威尔士语、苏格兰盖尔语)的足够知识"(Extra 等,2009:72),并由内政部判定英国国籍申请者是否掌握了"足够"的英语知识。这一时期还未形成标准化的语言测试和准确的语言水平要求。

2002 年,《国籍、移民和庇护法》(*The Nationality, Immigration and Asylum Act*)的颁布扩大了对入籍申请者的语言要求范围,即使是现有英国公民的配偶在申请成为英国公民时也需要证明自己的英语水平(Extra 等转引自 Home Office,2002a:2)。

2004 年,英国实施了新的法令,进一步明确了对入籍申请者的语言要求标准,并采用《欧洲语言共同参考框架》(*Common European Framework of Reference*)等级作为自己语言测试的准入标准。② 英国政府规定,入籍申请者所需的英语水平设定在 ESOL Entry 3 级③,这一等级相当于 CEFR 的 B1 级(Extra 等转引自 Home Office,2004a:3)。据此,内政部还对为何将语言标准设定在 ESOL Entry 3 级做出了解释:达到这一语言标准的人可以在生活中根据需要流利地表达,并且可以根据熟悉的话题和别人进行对话(Extra 等转引自 Home Office,2004b:13)。由内政部确认申请英国公民身份的人是否达到了此级别或以上的能力。由于对申请者英语能力的验证程序过于主观化,该等级考试在 2005 年被取消,改为统一计算机化的标准测试。

2.2 移民测试制度范围的进一步扩大

2007 年 4 月,语言测试的要求进一步扩大至永久居留权的申请者,即想获得永久居

---

① 参见 http://www.mipex.eu/united-kingdom。
② 《欧洲语言共同参考框架》(CEFR)按照 6 个级别,从 A1(低级)到 C2(高级)来衡量语言水平,每一个级别又包含了听力理解(listening comprehension)、阅读理解(reading comprehension)、写作(writing)、口语产出(spoken production)和口语交流(spoken interaction)。
③ ESOL: English for Speakers of Other Languages(非英语使用者的英语课程)。

留权但并不一定希望成为英国公民的申请者也要参加移民语言测试。

2008 年,政府推出了一份题为"婚姻签证:配偶入境前的英语要求"(Marriage visas: Pre-entry English requirement for spouses)的咨询文件。这份文件对那些想和配偶团聚而申请签证的人提出了入境前英语测试的要求(Extra 等转引自 Home Office,2007:8),移民语言测试的范围又一次扩大。

英国从 2010 年开始正式实施对英国公民配偶结婚签证申请的入境前英语测试。根据欧洲语言测试人员协会和移民政策小组的调查,目前有 9 个国家在移民申请入境时有语言要求,4 个国家有语言测试,英国便是其中之一,但那些来自主要讲英语的国家的移民可以得到豁免权(Council of Europe,2014:8)。

2.3　英国现在的移民语言测试制度

2.3.1　标准化的语言测试

移民语言测试制度的范围在不断扩大,现在申请入境、永久居留和申请加入英国国籍都需要参加英语测试,从而形成了一个以英语水平为核心的三层语言测试体系。

英国政府规定从 2015 年 4 月 6 日起,申请者必须参加由内政部批准的安全英语语言测试(SELT)提供商的测试。针对不同类型的移民,申请者需要在 SELT 的列表中选择相应的测试。①

2.3.2　语言水平要求

从英国要求的语言水平级别上看,入境申请者需要达到 A1 级,申请永久居留和入籍则需要达到 B1 级,所有的语言测试只评估参加者的英语听力和口语能力。根据欧洲语言测试人员协会的调查,A2 级是申请永久居留所需的最常见水平;申请获得公民身份所需的级别是 A2 级或者 B1 级,B1 级是所要求的最高语言水平(Council of Europe,2014:15)。由此可见,英国所要求的语言水平还是比较高的。

2.3.3　社会知识测试和证明语言水平的方式

对于永久居住和获得公民身份的申请者,除了参加语言测试外,还要参加关于"社会知识"(KOS)的测试,该测试是基于计算机的多项选择题。为了通过考试,申请者必须学习《英国生活》(Life in the United Kingdom)来了解英国的历史、文化和社会价值观(Extra 等转引自 Home Office,2004b:10)。此外,由于这项测试采用的语言是英语,在一定程度上也考查了申请者的英语水平。

但参加并通过语言测试并不是证明语言水平的唯一方式,申请者还可以通过提供语言水平证书和学位证书的方式证明自己的语言能力。② 部分申请者可能由于各种原因无

---

① 参见 https://www.gov.uk/english-language/degrees-in-english。
② 参见 https://www.gov.uk/english-language/approved-english-language-qualifications。

法通过考试,英国政府为此提供了另一种方式:通过完成 ESOL 课程和社会知识课程来满足要求,但这些课程都不免费。据统计,有 20% 的申请者(主要是弱势群体)选择该类课程来表示他们愿意学习英语和英国的价值观。①

3. 英国移民语言测试制度的背景和动因

虽然英国政府称考查移民的语言和社会知识是为了帮助他们更好地融入社会,但英国政府更多的是出于对国家安全的考虑,为了建立语言霸权,宣扬英国的价值观。新移民带来的语言文化的多样性和差异性对英国的主流文化造成了威胁,引发了民众强烈的敌对情绪。所以,为了维护国家的安全与稳定,英国只接纳那些具备英语能力、了解英国历史和社会价值观、为社会做贡献的移民。因此,这种移民语言政策体现出了一种"排他性",同时也是英国放弃"多元文化主义"政策的表现。

3.1 移民语言测试与语言霸权

建立国家霸权常常涉及语言霸权,双语社区或其他语言的存在是对文化统一的威胁,移民是否掌握官方语言关系着对移民国家的认同(Extra 等,2009:7)。英国主张实行语言测试的人称:"讲其他语言的人如果不说英语或不愿意学习英语,就会对我们的社会构成威胁。为了应对这一威胁,我们要求他们参加英语考试。"(Blackledge,2006:67)对于配偶入境时的英语水平要求,负责边境和移民事务的国务大臣利亚姆·伯恩(Liam Byrne)给出了如下理由:"我们希望新来者带着定居的意愿来到这里,为我们的社会和经济做出有意义的贡献。入境前的英语要求将向申请结婚签证的人发出一个明确的信号,即他们需要掌握英语技能,才能和他们的亲人永久留在英国。"(Extra 等转引自 Home Office,2007b)

从这些英国政府官员的讲话中我们可以看出,英国对外来移民提出语言要求是基于"一个国家、一种语言"的理念,使用共同的语言代表着对一个国家文化上的认同。英语水平是否达标是一个重要的筛选外来移民的标准。虽然掌握足够的英语知识并不意味着可以成功地融入社会,但是在移民目的国看来,具有一定的英语水平已经说明你对这个社会有认同感,有融入社会的意愿。

3.2 社会价值观与国家安全

在过去的 20 年里,英国围绕移民问题的政治辩论尤为激烈,对多元文化主义提出质疑(Antonsich,2010:783)。英国的移民测试制度是在 21 世纪初强烈反对多元文化主义背景下和对某些类型移民的敌意的特定氛围下发展起来的。2001 年,英国北部城镇爆发

---

① 参见 http://www.mipex.eu/united-kingdom。

所谓的骚乱后,缺乏社区凝聚力被认为是根本原因,所以新工党(New Labour)政府引入了语言测试和社会知识测试等测试制度(Turner,2014:335)。

9·11事件后,对多元文化的包容以及对文化差异的颂扬,被指责为造成国家分裂的原因,这种"欧洲范围内对'差异'的道德恐慌"使人们认识到"太多"差异会影响国家统一,并由此引发了对需要维护以多数人为主导的民族文化的倡导和重申(Grillo,2007:984)。英国政府实施严格的移民政策还来自英国民意的推动,对获得公民身份设置足够的障碍可以安抚英国民众的担忧(Byrne,2017:332)。

为了回应这些担忧,政府开始重新关注英国的社会价值观。英国在2005年实施"英国生活测试"(Life in the UK Test),要求移民申请者学习英国的历史、社会价值观。之后永久居留权的申请者也要通社会知识测试,这一措施是由当时的首相托尼·布莱尔在2016年的一次演讲中提出的,演讲提及测试英语水平和社会知识是保证社会凝聚力和民族团结的关键手段(Extra等,2009:78)。所以,英国政府所制定的这种移民语言政策从根本上还是为了维护国家和社会的安全。

4. 英国移民语言政策存在的问题

英国严格的移民语言政策也反映出一些问题。首先,英国未能提供满足需求的语言课程资源,存在收费过高的现象;其次,英国对于外来移民所带来的多样语言的看法还是一种语言问题观,忽视了其中的语言资源。

4.1 对国际移民缺少相应的语言服务

Mathieu(2017:59)认为,"融合不同于同化,移民融合的过程是新移民和移民目的国之间的双向互动过程,双方都有责任为移民被社会的完全接纳做出努力"。根据英国2015年的移民融合政策指数,移民政策小组指出,在紧缩政策下,为ESOL等服务的资金已被大幅削减,英国整体对促进移民融合的努力已被削弱。[①] 一方面,英国只要求移民申请者达到所要求的语言水平标准,却没有提供满足需求的免费语言课程。另一方面,语言习得是一个长期的过程,需要在一定的社会和语言环境中逐渐发展起来。所以,英国政府应该多提供一些满足需要的语言课程和其他方面的语言服务,承担起东道国提供语言服务的责任和义务。

同时,英国近年来实施的配偶入境前的语言测试制度具有歧视性,因为它明确适用于特定的"非西方"国家,并且只有通过了语言测试才能进入英国,在一定程度上违反了结婚和建立家庭的人权。

---

① 参见 http://www.mipex.eu/united-kingdom。

4.2 忽视移民带来的多样的语言资源

人们对语言多样性的不同看法会形成不同的语言观和语言规划观。周明朗(2009)提出,语言意识形态可以分为"单语主义"和"多语主义"两种类型:"单语主义会把双语或多语看成是一种社会问题,是一种不稳定因素,是对民族和国家统一的威胁;相反,多语主义则会认为双语或多语是国家、社会和个人的资源,更是社区和个人的权利。"

从英国实施的较为严格的移民语言政策来看,移民的语言水平未达标被视为是一种不足,是社会融合的障碍,这是一种"单语主义"的表现。把移民带来的多样化的语言看成是一种社会问题,也忽略了移民可能为这个社会的文化多样性带来新资源和机会。这种语言问题观也可能成为暴力和社会冲突的根源,所以,英国应该转变语言观念,挖掘国际移民带来的语言资源,完善移民语言政策。

5. 对我国来华移民相关语言问题的启示

最新的《中国国际移民报告(2018)》指出:"虽然中国大陆地区国际移民占总人口比重仍是世界最低,但是中国在不断从国际移民来源国,成长为治理方式与机制不断进步的国际移民目的国,外国人'来华逐梦'也呈现上升趋势。"但是,我国目前存在国际移民的观念尚未完全建立、欠缺国际移民发展规划、与国际移民相关的体制和机制还不完善等重大问题(刘国福,2015:48)。我国的国际移民面临着新形势,同时也面临着挑战。本文结合英国的移民语言政策,就我国的国际移民相关语言问题的现状提出了几点值得思考的想法,以期能够为相关部门制定国际移民政策和规划提供一些建议。

5.1 是否制定和实施移民语言测试

正如前文所述,对移民申请者实施语言测试已经成为世界范围内的一个普遍趋势。首先,随着来华国际移民的增长,我们不可避免地要对移民申请者进行筛选。国际移民在什么条件下能够进入目的国、永久居留以及获得公民身份是移民者和目的国政府都很关心的问题。移民国家的官方语言是国家认同感和社会归属感的符号,对目的国语言的了解和掌握往往是需要考虑的首要因素之一。其次,移民是否具备熟练的目的国语言对他们的工作和生活非常重要,在一定程度上决定了他们是否可以成功融入社会。

但是"在中国大陆,对于国际移民问题还没有一部成文的法律,并且在已有的一些涉及国际移民的法律法规中,对国际移民的准入、居留和公民身份等方面,也还没有做出相关的语言要求规定"(王春辉,2011:117)。在这样的背景下,对来华国际移民的汉语能力提出要求或引入移民语言测试很有必要。所以,笔者认为,有关部门应该认识到这种移民语言全球化的趋势,考虑是否将汉语语言能力作为国际移民准入、居留和成为公民的考核标准之一。如果确有需要,又该采取何种形式来衡量申请者的汉语水平?如要实施语言测试,是否采用现有的汉语水平考试,如新汉语水平考试(HSK),还是针对国际移民开发新的语言测试?这些都是相关部门在制定移民语言政策时应该考虑的问题。

此外,鉴于英国的移民语言政策中存在的一些问题,我们应该慎重考虑移民语言测试适用的范围和语言水平标准,尤其要考虑是否应该在移民申请入境时,设置语言准入"门槛"。英国的入境语言测试制度被认为具有歧视性,因为它明确适用于特定的"非西方"国家,违反了结婚和建立家庭的人权,这也是近年来英国的移民融合政策指数不断下降的原因之一。这是我国在制定移民语言政策时应该借鉴的经验和吸取的教训。关于水平标准,由于 HSK 考试大纲中已经列出了和《欧洲语言共同参考框架》相对应的语言水平等级,相关部门在设定语言标准时可以此做参考。

5.2 如何为来华移民提供更好的语言服务

英国的移民融合政策指数下降最重要的原因就是英国大幅削减了用于为移民语言课程服务的资金。我国制定国际移民语言政策时应该吸取教训,在为来华的国际移民提供语言服务方面制定较完善的政策。

国际移民对目的国语言的掌握对他们成功融入社会至关重要。为了加快来华国际移民的融入和归化,除了移民自身要努力提高汉语水平外,政府的相关部门也可以主动做一些工作来帮助他们。

首先,要为移民提供更多、更广泛的汉语学习机会。政府相关部门可以组织一些免费或付费的汉语学习班和培训班,开设各种形式和级别的语言课程。长期以来,由于我们还没有建立起国际移民的观念,我国汉语作为第二语言的教学主要面向来华留学生和外国的汉语二语学习者。现在,我们应该注意到来华国际移民这个群体,了解他们的汉语学习需求,研发有针对性的对外汉语教学教材和课程,进一步发展我们的对外汉语教学市场。

另外,我们还可以在各国社区内适当增加一些国际移民母语的服务内容,这样做也方便移民们及时了解相关政策和规定,同时也能为社区管理提供方便(王春辉,2011:116)。为了让来华国际移民融入社会,政府和来华国际移民双方都要做出努力。虽然我们希望并要求他们学习和掌握汉语,但这并不意味着我们排斥来华国际移民的语言。

5.3 如何看待来华移民带来的语言资源

语言作为问题、语言作为权利和语言作为资源是影响语言规划的三种"取向"。李宇明(2008)提出,语言规划理念应由"单语主义"向"多语主义"转变,语言的"多语多言"现象已不再被视为问题,而被看作是一种资源,语言规划理论也在从"问题导向"向"资源导向"转变。基于这样的语言观,我们不仅要"珍惜爱护母语,保护少数民族语言和方言,维护语言文化多元生态"(蔡永良,2011:8),还要用语言资源观看待外来移民带来的多元化的语言。这些语言是我国语言资源的一部分,我们应当重视并充分挖掘,使其服务于国家语言战略。

《中国国际移民报告(2018)》指出,目前中国的国际人才竞争力总体不高,国际人才的引进水平偏低。而目的国的语言多样性越丰富,吸引新移民的能力也就越强(王春辉,2011:116)。可见移民目的国的多样化语言也是吸引国际移民人才的因素之一。

随着我国国际活动的增多和"一带一路"倡议的实施,我国的"国内外语生活"迅速发展(李宇明,2018:9)。在为来华国际移民提供语言服务的同时,国际移民所带来的多样性语言可以增加我们的外语语言接触,有利于提高国民的外语水平,进而实现培养双语/多语者,构建双语/多语社会的目标(李宇明,2012)。

处理来华国际移民的语言问题需要真实有效的数据信息。要充分挖掘和利用来华国际移民的语言资源,我们首先应该完善国际移民的数据统计。因此,国内相关部门应该加大支持力度,深入细致地调查来华国际移民的语言资源(滕延江,2018:19),制定完善的移民语言政策,构建完善的中国国际移民制度。

6. 结语

自21世纪以来,移民目的国对移民申请者实施语言测试已经成为世界范围内的一个普遍趋势。我国的国际移民数量持续增加,但是我国还未针对他们制定出相对完善的移民语言政策。我国相关部门应该考虑是否要对来华移民提出语言要求,以及移民申请者进入目的国、永久居留和获得公民身份分别需要具备什么样的语言水平等问题。鉴于英国实施的严格移民政策所出现的问题,我国在制定移民语言政策时应当避免这些问题,做好对来华国际移民的语言服务工作,重视并充分利用这些移民所带来的多样化的语言资源。

参考文献:
1. 蔡永良,2011,关于我国语言战略问题的几点思考[J],《外语界》(1)。
2. 李明欢,2009,国际移民的定义与类别——兼论中国移民问题[J],《华侨华人历史研究》(2)。
3. 李宇明,2008,语言资源观及中国语言普查[J],《郑州大学学报(哲学社会科学版)》(1)。
4. 李宇明,2012,中国语言生活的时代特征[J],《中国语文》(4)。
5. 李宇明,2016,由单语主义走向多语主义[J],《语言学研究》(1)。
6. 李宇明,2017,树立"外语生活"意识[J],《中国外语》(5)。
7. 刘国福,2015,中国国际移民的新形势、新挑战和新探索[J],《山东大学学报(哲学社会科学版)》(1)。
8. 潘月洲,2014,美国语言政策中的语言意识形态[J],《北华大学学报(社会科学版)》(2)。
9. 滕延江,2018,美国外语资源中心研究服务国家战略调查及启示[J],《语言政策与语言教育》(2)。
10. 王春辉,2016,在华国际移民的相关语言问题研究[J],《江汉学术》(1)。
11. 王辉耀等,2018,《中国国际移民报告(2018)》[M],北京:社科院社科文献出版社。

12. 周明朗,2009,语言意识形态和语言秩序：全球化与美中两国的多语(教育)战略[J],《暨南学报(哲学社会科学版)》31(1)。
13. Antonsich, M. 2010. Multicultural horizons. Diversity and the limits of the civil nation by Anne-Marie Fortier [J]. *Nations & Nationalism* 16 (4).
14. Bassel, L., Monforte, P. & Khan, K. 2018. Making political citizens? Migrants' narratives of naturalization in the United Kingdom [J]. *Citizenship Studies* 22 (3).
15. Blackledge, A. 2006. The racialization of language in British political discourse [J]. *Critical Discourse Studies* 3 (1).
16. Byrne, B. 2017. Testing times: The place of the citizenship test in the UK immigration regime and new citizens' responses to it [J]. *Sociology* 51 (2).
17. Council of Europe. 2001. *A Common European Framework of Reference for Languages: Learning, Teaching, Assessment* [M]. Cambridge University Press.
18. Council of Europe. Linguistic Integration of Adult Migrants: Final Report on the 3rd Council of Europe Survey. Language Policy Unit, Strasbourg. [OL] Project LIAM, http://www.coe.int/lang-migrants, 2014.
19. Extra, G., Spotti, M. & Van Avermaet, P. 2009. *Language Testing, Migration and Citizenship: Cross-National Perspectives on Integration Regimes* [M]. London and New York: Continuum.
20. Grillo, R. 2007. An excess of alterity? Debating difference in a multicultural society [J]. *Ethnic and Racial Studies* 30 (6).
21. Mathieu, F. 2018. The failure of state multiculturalism in the UK? An analysis of the UK's multicultural policy for 2000-2015 [J]. *Ethnicities* 18 (1).
22. Turner, J. 2014. Testing the liberal subject: (in)security, responsibility and "self-improvement" in the UK citizenship test [J]. *Citizenship Studies* 18 (3/4).

作者简介：张鑫慧,女,华东师范大学国际汉语文化学院硕士研究生,研究方向：社会语言学,对外汉语教学。电子邮箱：zxh311318@163.com。

肯尼亚语言教育政策演变及发展现状

盐城师范学院外国语学院　张军广

摘要：自殖民地时期以降,肯尼亚境内的语言教育政策大致经历了殖民者主导和国家独立规划两个阶段,并导致肯尼亚社会形成了说英语的精英阶层和说其他语言的群体之间的客观"对立"。斯瓦希里语在语言教育政策的地位几经浮沉,终得以和英语一样进入中小学必修课程,并成为官方语言。这是肯尼亚重视本土语言的重要体现,但本土部族语言在语言教育中被边缘化的倾向依然明显。在全球化潮流的影响下,不同语言所附加的经济和文化价值必然反映在语言教育实践中。如何通过语言教育正确认识历史遗留,保护国民基本语言权利,以及再造国家身份认同的关系,将是包括肯尼亚在内的非洲"人造"国家必须面对的挑战。

关键词：肯尼亚;语言教育政策;语言现状

1. 引言

"语言是人类最后的家园"(钱冠连,2005),语言不同,世界就不一样。从这个意义上说,语言是天然的民族凝聚物,对国家的政治、经济、文化、族群认同等具有重要意义,并通过语言教育政策和语言教育行为,渗透并影响社会生活的各个方面。对于经历长期殖民统治、文化多元、语言多样的非洲国家来说更是如此,甚至可以不夸张地讲,语言政策和语言教育塑造了当今天非洲社会的模样。因此,对于其他有类似被殖民历史的多语型国家而言,肯尼亚语言教育政策的发展与演进具有重要的参考价值。这些国家应该基于其历史和现实经验,选择符合其实际需要的语言教育政策。本文将从肯尼亚的语言概况、语言教育政策演进和中小学语言教育现状、问题及展望等几个方面分别展开论述。

2. 肯尼亚语言分布概况

肯尼亚共和国(The Republic of Kenya),位于非洲东部,东邻索马里,北部与埃塞俄比亚和苏丹接壤,西连乌干达,南与坦桑尼亚相接,东南濒临印度洋。首都内罗毕(Nairobi)是全国的政治、经济和文化中心,联合国环境规划署和联合国人类住区规划署总部所在

---

* 基金项目：江苏省高校哲学社会科学研究项目"'应用型'英语师范生培养中的教学重构"(2015SJD724);盐城师范学院重点教改课题"TEM考试与英语类专业人才培养模式的融合创新机制研究"(2018YCTUJGZ006)。

地。全国人口分布不均,大多数集中在如内罗毕、蒙巴萨(Mombasa)、纳库鲁(Nakuru)、基苏木(Kisumu)和埃尔多雷特(Eldoret)等大中城市。农村地域广阔,以农业与畜牧业为主,社区普遍不大,呈零散分布。

肯尼亚境内有42个民族,主要包括:吉库尤(Kikuyu)、卢希亚(Luhya)、卢奥(Luo)、卡伦金(Kalenjin)、康巴(Kamba)、凯西(Kisii)、梅鲁(Meru),以及其他非非洲裔族(亚洲、欧洲人等)。需要特别指出的是,在19世纪末20世纪初,英国殖民者曾大规模地将印度劳工引入肯尼亚,从事基础劳务和管理工作,这些劳工后来由于普遍富裕而成为经济地位高于土著非洲人的一个新阶层。因此,在非非洲裔居民中,印度裔肯尼亚人社区的文化和商业影响力相对较大,但其所属的语言影响力依然有限。

根据部族语言特征,肯尼亚全国大致可分为四个主要的语言群体:科伊桑(Khoisan)、班图(Bantu)、尼罗(Nilotics)和库施特(Cushites)。其中,主要的地区性代表语言有流行于肯尼亚中部地区的吉库尤语和流行于西部地区的卢希亚语。前者为班图语系的一种,为占全国五分之一多的吉库尤部落成员的母语。从地理上划分,吉库尤语又可以细分为Kirinyaga, Kiambu, Murang'a 和 the Nyeri 方言区;后者同样为肯尼亚的主要语言,为卢希亚族或卢奥族的部落语言,以卢希亚语为母语的肯尼亚人约占全国总人口的十分之一。卢希亚语同样有较多方言变体,如 Hanga, East Nyala, Marama, Kabras, Tsotso 和 Kisa 等。

斯瓦希里语既是国家通用语言,也是2010年宪法所确认的官方语言,在该国的使用范围最广。从语言特征上讲,斯瓦希里语属于非洲班图语系的一种,广泛流行于肯尼亚、坦桑尼亚等印度洋西海岸地区,也是非洲联盟和东非共同体的官方语言。在肯尼亚,斯瓦希里语通常以地区方言的形式存在,如流行于南部海岸地区的基伍巴语(Kivumba)、流行于马林迪地区的曼布鲁语(Mambrui)、流行于蒙巴萨地区的基姆维塔语(Kimvita)等。方言变体的广泛存在使得肯尼亚的斯瓦希里语和邻国坦桑尼亚相对统一的斯瓦希里语之间,无论在发音还是语法方面,均存在一定的差别。

英语是在19世纪末由英国殖民者带入肯尼亚的,也是迄今为止影响肯尼亚范围最广、程度最深的语言,主要为城市及周边地区的居民所使用。同时,英语也是国家生活、广播传媒、法律诉讼、贸易往来等活动使用的语言,更是肯尼亚教育系统中的基础语言,是所有类型学校的主要学习科目和教学语言。

3. 肯尼亚语言教育政策的历史发展

肯尼亚是一个文化多元的国家,这一事实很大程度上反映在该国的语言多样性上。目前,其官方语言是英语和斯瓦希里语(下文简称斯语),后者也是该国的国语和通用语。在肯尼亚,由于部族众多,语言特质各异,导致难以精确统计其语言种类和讲某种语言的人口数量,几乎每个人都在说某种部族或多种语言。基于语言的基本特征,大多数研究者都认为肯尼亚的地方语种多达42多种(暂不包括在年轻人中流行的Sheng①语言)。如果按照所讲语言的数量差异标准,肯尼亚人至少可分为三类:只说母语(通常为部族语言)的;说母语和通用语的;说母语、通用语和官方语言(英语)的(Heine, B., 1980:60-87)。语言的多样性使得政府必须在英语和本土语言(包括部落语言和斯语)之间谋求某种平衡,以保证国家统一、民族和谐和社会秩序稳定。这一国家意愿反映在其语言教育的规划和政策安排上,并从殖民地时期贯穿至今。

3.1 殖民地时期的语言教育政策

肯尼亚的语言教育政策与其被殖民的历史息息相关。1890年,英、德两国瓜分东非,5年后,英国政府宣布肯尼亚为其"东非保护地",肯尼亚正式沦为英国的殖民地。因此,殖民地时期的肯尼亚教育组织形式和管理运行架构几乎完全复制英国模式,教育政策的制定和实施带有明显的英国教育特征。但该时期肯尼亚的教育并非完全为殖民政府控制,部族、殖民政府、传教士等在教育政策制定和教育活动中都占有一席之地。仅就全国的语言教育而言,殖民政府、白人定居者和传教士等势力因其不同的利益追求,对肯尼亚殖民时期的语言政策产生过直接或间接的影响,导致其语言教育政策随不同团体对利益的争夺而摇摆。

初期,当地殖民政府希望能有少量懂英语的本地人适当补充政府中的底层工作人员。教士们则认为用本土语更利于传播宗教(Eshiwani, 1993:15),而白人定居者则担心当地人学好英语后,可能变得更聪明,不再任由其驱使(Nabea, 2009:121-138)。1909年,在英联邦传教士大会上(United Missionary Conference),传教士们就英语、斯语和部族语言的教育问题进行了讨论,斯语和部族语言的地位和价值被认可。他们建议,在小学三年级及以下的教学中施行母语(即部族语言)教学,之后两年施行斯语教学,其余年级至大学均实施英语教学(Gorman, 1974:397-454)。虽然这一政策在一定程度上为本土语言教育和学习开了一盏绿灯,在一定程度上促进了肯尼亚本土语言的标准化发展,但是,因肯尼亚本土语言自身的局限性以及教学条件和环境的限制,更多的部族语言被排除在教育体系之外。事实上,到1949年为止,也只有8种本土语言教材得以出版发行(Gorman, 1974:397-454)。同时,对于应该在何时开展或利用斯语和英语进行教学,不同利益群体之间仍然存在着明显的意见分歧。

1920年后,殖民统治阶层逐渐意识到,教会当地人英语可能会给其统治带来潜在威胁。控制英语在教育中的使用成为殖民者有意识的选择。英语只被允许在小学高年级以后教授并使用,以阻止更多的肯尼亚人接受中学和大学教育。不过斯语并没有被完全禁

---

① Sheng语言主要流行于肯尼亚城市地区的年轻人中。该语言是一种将英语、斯瓦希里语及母语单词混合使用,并借用斯瓦希里语的语法形态及句法结构等的新型语言。

用,它一直和英语并行,成为教学科目和教学用语,直到 1953 年才被宣布禁止。但殖民地的民众已经意识到英语对于自己生存和发展的意义:英语是进入政府部门,获得更高级职位,提高社会地位必备的"敲门砖"。英语已经"不再仅仅是一种语言,它是语言,是人人必须尊重并屈从的语言"(Ngũgĩ wa Thiong'o, 1986: 11)。因此,削减和禁止英语教学行动不但没有影响英语在肯尼亚的使用,反而激发了人们更为高涨的英语学习热情,英语开始逐渐成为殖民地民众认同的"高级"语言。尽管这有违殖民者的初衷:英语并没有成为隔离殖民者、肯尼亚精英集团和普通民众的工具,但这段时间的语言教育政策也实实在在地促进并巩固了英语在肯尼亚国民和教育体系中的核心地位。

随着二战的结束,独立浪潮风起云涌,肯尼亚殖民政府面临同样的去留问题。殖民者为了延续自己在肯尼亚新政府中的地位,维护既得利益,他们开始有计划地系统培养上层"西方化"的精英统治阶层。把殖民者的社会和道德价值观传给当地民众,语言教育是最有力的工具和抓手。当时的教育部门先后发表报告,指出小学开设三门语言课程(英语、斯语和当地语)不妥,建议从低年级开始,英语和部族语言一样进课堂,成为教学用语。在此之后,除斯语为母语的地区外,其他地区逐渐从小学教育中剔除了斯瓦希里语课程(Gorman, 1974: 397-454)。毫无疑问,该时间段内语言教育政策的调整并不是为了肯尼亚人的利益,而是出于殖民者的精心谋划:牺牲本地部族语言和通用语(斯瓦希里语),进一步巩固英语在肯尼亚国家和社会中的地位,在肯尼亚国家与民族层面上实现英国道德标准和社会价值观的普遍认同。

如今,肯尼亚拥有相对开放的外语学习和使用环境。一个拥有肯尼亚国籍的印度人可能会说印度语、英语、斯瓦希里语、当地方言和阿拉伯语等五种语言。英式、美式、法式传统体制的中小学学校随处可见,这些学校设有法语、德语、日语、韩语、西班牙语、意大利语等外语课程。肯尼亚人从小就处于一种多语言学习和交流的环境中,但时至今日,英语依然是肯尼亚社会精英阶层的标配。从这个意义上说,肯尼亚整个国家依然被说英语的和不说英语的人"撕扯"着。

3.2 独立后的语言教育政策

1963 年,肯尼亚摆脱了英国的殖民统治,宣布独立,并于次年成立肯尼亚共和国,但仍留在英联邦内。殖民地时期规划并确定的语言教育政策并没有马上改变。肯尼亚政府继承了殖民者的语言教育政策,保留了英语的官方语言地位。此后,虽有多届教育委员会发布有关语言教育报告,但均没有改变英语在国家语言教育中的中心地位。

肯尼亚独立后,1964 年首届教育委员会基本沿用了殖民时期的语言教育政策。肯尼亚教育委员会[Kenya Education Commission (Ominde Commission)]先后于 1964 年和 1965 年进行社会调查,并发布报告,认为斯语和英语普遍受到民众的欢迎。大多数人赞同三语教学：母语用于日常生活交流，斯语和英语用于学习和教学。并且由于斯语本身就是国家通用语言，无论从语言历史发展还是从文化代表性上说，它都是肯尼亚最具代表性的跨部族语言。语言认同有利于培养学生的国家意识和民族认同，提升国家和民族的凝聚力，能保证每一位肯尼亚公民获得公平的对待，尤其有利于国家统一和社会稳定。为此，本届教育委员会建议从小学一年级开始就把英语作为课堂讲授用语，并建议从一年级开始把斯语作为小学选修课程，但同时对其他本土部族语言持否定态度，认为本土语言不合适教学，至多只能用来给低年级的孩子讲讲故事(Ominde, 1964：60)。鉴于斯语对民众生活、国家统一和社会稳定的价值，本届委员会也推荐斯语为学校里的必修科目，作为教学用语，但并非考试科目。因此，尽管肯尼亚教育院(KIE)在1967年曾尝试采取本土语言(包括斯语、英语)进行教材编写和教学，以提高成人教育教学成效，并试图让斯语在教育体系中发挥更大的作用，但结果可想而知，学生和教师不可能认真对待斯语学习。事实上，该计划也没有得到实质推行。

随后的1976年国家教育目标和政策委员会[National Committee on Educational Objectives and Policies of 1976(即Gachathi Commission)，以下简称"国教委"]提出：对于部族语言较单一的地区，教师在三年级以前可以利用本地部族语言教学；对于部族语言较混杂的地区，在三年级之前，教师要利用英语和斯语进行教学，并要求所有地区从小学一年级开始就把斯语和英语作为教学科目学习。无论在什么地区，四年级之后，必须使用英语作为教学语言。虽然该委员会推荐斯语为小学和中学阶段的必修科目和大学期间的学习科目，但事实上，由于英语依然是身份和社会地位的标识，民众对其认同度高，尤其因为英语是中学以及大学学习阶段的唯一教学语言，斯语并没有像预期那样受到和英语一样的重视。另外，由于缺乏斯语教材，教师缺乏实用斯语教学经验，加之斯语比英语课时少很多，结果是英语作为课程和教学用语的地位得到了进一步的社会认同。

1981年成立的麦凯委员会(Mackay Commission)提出了彻底改变肯尼亚教育体系的法案(Kibui, 2014：89-98)，学制改为8-4-4，即8年小学，4年中学，4年大学。英语依然是主要的学习科目和教学用语，而斯语则从4年级开始成为小学和中学的必修课程。该委员会同时也推荐斯语成为大学的必修课程。由于斯语成为小学和中学阶段的必考科目，其教学得到了一定程度的重视。课时也稍有增加，与英语每周6课时相比，斯语每周5课时。虽然斯语在课程和教学过程中依然没有达到和英语同样的地位，但相对以往情形已有大幅改善。这时，1976年国教委提出的斯语教学设想才得到了初步实现。然而，其他本土部族语言在教学中的地位依然没有得到改善。

1999年成立的肯尼亚教育系统调查委员会(The Commission Inquiry into the Education System of Kenya)发布了《科赫报告》(*Koech Report*)，继续支持本地部族语言作为教学用语进入课堂，并提出了激进的"全面整合素质教育与培训"(TIQET, Totally Integrated Quality

Education and Training)计划,来代替 8-4-4 学制,以尽可能消除小学升中学的考试障碍,保证每位学生都能接受教育。但是,该计划并未付诸实施,也没能给肯尼亚的语言教育带来任何新的变化。

2010 年,肯尼亚颁布新宪法。新宪法第二章第七节第三条 a 款和 b 款明确规定肯尼亚保留斯语作为国家通用语的地位,而且把它上升为和英语并列的官方语言。宪法同时宣布,政府将致力于"促进和保护肯尼亚语言多样性,促进并发展土著语、手语、盲文及其他可供残疾人使用的通信手段和技术"①。新宪法同时赋予民众自由选择语言的权利,延续文化和语言的联系。此外,政府承诺制定平权行动法案,确保少数群体和边缘化群体发展其文化价值观、语言和生活习惯等。就此,肯尼亚在宪法层面确立了多元语言教育观,以保护不同部族民众的语言权利,语言教育发展也获得了基本的行动方向。

历史地观察肯尼亚语言教育政策的变化,可以发现其具有以下鲜明的特点:(1)肯尼亚语言教育政策的制定和修正深受不同社群的利益诉求、态度、政治理念和语言理论的影响。就目前状况而论,其语言政策和联合国教科文组织(UNESCO)所提出的语言教育基本一致,即在教育实践中,尽可能把母语的使用向教育的后段延伸,注意在学习开始时提倡使用母语,以减少从家庭到学校之间的分裂感。(2)肯尼亚本土部族语言始终未能获得足够认同。它们在教育和教学活动中的应用范围依旧有限,语言的社会地位较低。(3)与本土语言相比,英语在理论上虽然被"客观弱化",但事实上,其在语言教育和教学中的核心地位从未改变,且呈现不断上升的趋势。

4. 肯尼亚中小学语言教育现状

自 2018 年新学期开始,肯尼亚开始尝试实施新的教育课程体系改革,计划到 2027 年全面实施 2-6-6-3 学制(即 2 年幼儿园,6 年小学,6 年中学,3 年大学),但目前尚未全面铺开,仅在部分试点学校推行。因此,全国教育课程体系主流依然以 1985 年基于美式教育课程体系的 8-4-4 学制为主。2003 年后,肯尼亚的小学实行免费义务教育。一般来说,肯尼亚小学生的入学年龄为 6 岁,14 岁完成小学教育。课程主要包括语言(英语和斯语)、数学、历史、地理、社会、科学、艺术、农业和宗教等。小学毕业时,学生需要参加包括斯语、英语、数学、科学、农业以及社会研究课程在内的毕业考试,以获得肯尼亚基础教育证书(KCPE)。国家教育政策规定,小学一至三年级可以使用母语,或学校所在地的部族语言进行教学,直到四年级后,英语才正式被用作教学用语(Nabea, 2009: 211-138)。事实上,很多学校从一年级开始就将英语作为教学语言了,因为学校也希望学生能够尽快掌

---

① 资料来源:The Constitution of Kenya, 2010. The National Council for Law Reporting. [EB/OL], http://kenyalaw.org/kl/index.php?id=398. October, 31. 2017.

握英语（Gathumbi，2008：45-88），以方便三年级后的教学。遗憾的是，研究发现，大多数肯尼亚学生在三年级结束时对英语的熟练程度不足以有效地学习四年级的英语内容（Gathumbi，2008：25-44）。此外，由于斯语一直是小学阶段的学习科目，这就意味着，三年级以后的学生往往需要通过英语来学习斯语，这无形中再次巩固了英语在语言教育中的重要地位。

语言教育现状还反映在学科的时间分配方面。以小学为例，按照肯尼亚教育学院的统计，小学主要科目的每周时间分配如表1所示。

表1　肯尼亚小学各科课时分配①

年级\科目	英语	斯语	数学	科学	社会	宗教	母语	艺术	体育	畜牧	总　计
1—3	5	5	5	5	2	2	5	3	5	1	35节/周
4—8	7	5	7	5	5	3	—	3	4	1	40节/周

从表1可以发现，在所有小学教学科目中，当地学生的母语只是肯尼亚小学低年级的学习科目，四年级以后则从学生的课程中完全消失。相比较而言，斯语的学习课时保持基本稳定，而英语学习课时则明显增加。

肯尼亚的中学教育一般始于学生14岁的时候。按照肯尼亚课程开发院（KICD）的规定，中学教育课程由五组科目组成：第一组为必选科目，包括英语、数学和斯语，所有学校必须开设；第二组包括生物、物理、化学、体育和生命科学，所有学校至少选择其中两个科目；而对于其余组别课程，学校则可以根据自己的教学资源、教师配备等情况自由选择。中学毕业时，学生需要参加肯尼亚中等教育证书（KCSE）考试，以获得中学毕业文凭。很明显，在中学时期，英语和斯语都是重要的语言课程，不过，考虑到英语是该学习阶段唯一的教学语言，学生对斯语的掌握状况也不容乐观。

基于上述肯尼亚中小学语言教育课程设置和之前有关教育委员会的报告分析，肯尼亚中小学教育机构内出现了当地部族语言（即学生的母语）、斯语和英语彼此共存但又相互对立的局面。

从肯尼亚全国范围来看，由于英语在政治、经济和文化生活中的地位最高，且英语又是自小学四年级之后的必修科目（事实上，绝大部分城市学校自一年级起就已经将英语作为必修科目了），其在肯尼亚整个语言教育课程体系中的地位也是最高的。不仅如此，由于中小学教师大都有高等教育阶段的学习经历，而在高等教育阶段，除了斯语专业外，其他专业任何与教学有关的内容——教材、教学、考试、日常活动安排等，英语都是唯一用

---

① JICA. Basic Education Sector Analysis Report [R]. International Development Center of Japan INC. 2012：26.

语。因此，对于中小学教师来说，英语似乎比当地部族语言和斯语使用起来更自然、更方便。除此之外，在中小学高年级阶段，由于斯语或当地部族语言本身的原因，它们往往缺少某些现代知识概念的适当表达形式，这无疑再次强化了教师和学生对英语语言的认同，巩固了英语在基础教育课程体系及教学中的核心地位，客观上也造成了学校内部"说英语的"和"不说英语的"以及"英语好的"和"英语不好的"群体之间的对立。

当然，这并不是说其他语言不受重视。从社会语言生活来看，由于所有学生都在中小学阶段学习过斯语，且其本为肯尼亚民族通用语，不同部族民众对其认同程度较高。而且为了彰显非洲本土特色，大多数肯尼亚人在校外及其他非正式场合（也包括部分正式活动时）更乐于使用斯语，以彰显自己的非洲身份。而在年轻人中间，结合英语、斯语和母语特征的 Sheng 语言更受欢迎。

部族语言，即大多数民众的母语，由于它既不是现有教育体系内的学习科目，也不是通行的教学用语，且往往只在偏远的农村或部落地区使用，即使被学校当作教学用语，也仅限于小学三年级之前，主要目的在于更清楚地解释有关知识概念，澄清误解。一项基于教师对英语、斯语和母语用于教学的观点研究也表明，母语是教学语言中最不受青睐的。[1]

综上所述，仅就肯尼亚中小学的语言教育及教学语言使用情况来看，殖民历史所遗留下来的语言教育传统，加上全球化的影响，英语依然会在相当长的时间内独占语言教育的核心地位；斯语居于外围，广泛应用于学校内部社交及校外日常生活；更外围的则是各类逐渐被边缘化的部族语言（即大多数人的母语），这一局面会持续相当长的一段时间。

5. 结语

斯语能够和英语一样成为官方语言，并在教育体系内被广泛使用是肯尼亚迈向民族特色多语制语言教育政策的关键一步。然而，肯尼亚的本土语言教育，尤其是母语语言教育面临边缘化的趋势依然严峻。这主要表现在：首先，尽管部族语言可以作为教学用语进入低年级课堂，但绝大多数教材均使用英语编撰，显然，部族语言的作用只不过是为了更好地学习英语；其次，由于教师并不一定来自教学区周围，很多教师并不懂得当地部族语言，导致像数学、科学等科目的教学效率低，教学效果普遍不佳；最后，尽管父母们都期望学生能多学、学好英语，以应对未来生存和职业发展的挑战，但由于学生在日常生活中使用更多的依然是本族语或斯语，这导致部分地区，尤其是农村地区学生的英语水平普遍不高，而英语能力依然是辨别精英人士和普通民众的重要标志。从这个意义上说，实现国

---

[1] Joan, M., Bob, M. & Erick O. 2016. Attitude of teachers towards use of mother tongue as medium of instruction in lower primary schools in Bungoma South Sub-County, Kenya[J]. *International Journal of Education and Research* (8): 315-334.

家认同、民众期望和儿童多语言能力发展的和谐统一,依然是肯尼亚政府和民众在长期内不得不应对的挑战。

参考文献:

1. 钱冠连,2005,语言:人类最后的家园[M],北京:商务印书馆。
2. Eshiwani, G. S. 1993. *Education in Kenya Since Independence* [M]. Nairobi: East African Educational Publishers.
3. Gathumbi, A. W. 2008. The process of developing English literacy norms [A]. In Groenewegen, T. (ed.). *Benchmarks for English Language Education* [C]. Nairobi: Phoenix Publishers.
4. Gorman, T. P. 1974. The development of language policy in Kenya with particular reference to the educational system [A]. In Whiteley, W. H. (ed.). *Language in Kenya* [M]. Oxford University Press.
5. Heine, B. 1980. Language and Society [A]. In Heine, B. and Molig, W. J. G. (eds.). *Language and Dialect Atlas of Kenya* [C]. Berlin: Dietrich Reimer Verlag, 1980: 60-87.
6. JICA. 2012. *Basic Education Sector Analysis Report* [R]. International Development Center of Japan INC.
7. Joan, M., Bob, M. & Erick O. 2016. Attitude of teachers towards use of mother tongue as medium of instruction in lower primary schools in Bungoma South Sub-County, Kenya [J]. *International Journal of Education and Research* 8.
8. Kibui, A. W. 2014. Language policy in Kenya and the new constitution for vision 2030 [J]. *International Journal of Educational Science and Research* 5.
9. Nabea. W. 2009. Language policy in Kenya: Negotiation with hegemony [J]. *The Journal of Pan African Studies* 1.
10. Ngūgī wa Thiong'o. 1986. *Decolonising the Mind: The Politics of Language in African Literature* [M]. Nairobi: Heinemann education.
11. Ominde, S. H. 1964. *Government Education Commission Report* [D]. Nairobi: Government Printers.

作者简介: 张军广,男,盐城师范学院外国语学院讲师,浙江师范大学在读博士生,研究方向:英语教学,比较教育。电子邮箱: 493096080@qq.com。

边疆民族地区高校英语教师 TPACK 现状、归因及对策研究

新疆医科大学　于庆玲，上海外国语大学　朱小超

摘要：本文采用混合式研究方法对边疆民族地区大学英语教师 TPACK 的现状及其影响因素开展了调查。对 92 名教师的问卷调查显示：教师 TPACK 水平较低；技术相关的 TPACK 维度值偏低；性别、民族、教龄、职称和参加培训次数对教师 TPACK 各要素有不同程度的影响。对 4 名教师的质性研究发现，教师对技术的重要性认知不足、技术能力欠缺、缺少培训学习和环境支持。研究提出要从转变教师观念、提高教师认知、开展教学理念和技术知识培训、加强环境建设等方面提升教师 TPACK 水平。

关键词：大学英语教师；TPACK；影响因素；发展策略

1. 引言

教育部在 2019 年 10 月公布的《关于一流本科课程建设的实施意见》中指出，要"强化现代化信息技术与教育教学深度融合，解决好教与学模式创新的问题，杜绝信息技术应用的简单化、形式化"。在信息化时代，整合技术的学科教学法知识（Technological Pedagogical Content Knowledge，简称 TPACK）已成为大学英语教师必备的知识体系和教学评价的重要标准。相较沿海和内地城市，边疆民族地区的信息化教育水平较低（王济军等，2015）。鉴于信息技术与英语教学整合的必要性，边疆民族地区大学英语教师亟须提升 TPACK 水平。因而对边疆民族地区教师 TPACK 水平现状和影响因素的研究就显得尤为重要。

2. TPACK 概念及研究现状

在 Shulman（1987）学科教学法知识（Pedagogical Content Knowledge）的理论基础上，Koehler & Mishra 于 2006 年提出了 TPACK 概念，即整合技术的学科教学法知识。TPACK 框架包括三个基本要素和四个复合要素。三个基本要素为技术知识（Technological Knowledge）、学科内容知识（Content Knowledge）和教学法知识（Pedagogical Knowledge）。三个要素相互交叠，形成了四个复合要素：整合技术的学科内容知识（TCK）、学科教学法知识（PCK）、整合技术的教学法知识（TPK）、整合技术的学科教学法知识（TPACK）（如图 1）。

国外关于 TPACK 的外语教育研究主要包括应用研究、实证研究和测量工具的开发研究：一是探索 TPACK 理论在外语教学中的应用研究（Debbagh & Jones，2016；Voogt et al.，2016；Mehrak Rahimi & Shakiba Pourshahbaz，2019）；二是通过对英语师范生或英语教师的调查,描述目前教师 TPACK 的发展现状的实证研究（Huseyin，2015；Wu & Wang，2015；Debbagh & Jones，2018）；三是对教师 TPACK 水平测量工具的开发研究。研究人员在调查和试测的基础上,提出了具有良好信度和效度的

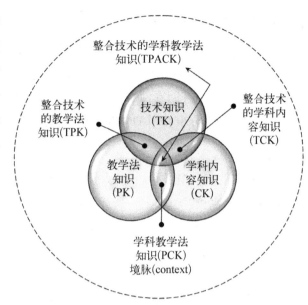

图1　TPACK 框架示意图（Mishra & Koehler，2006）

TPACK 维度测量量表,探索对外语学科教师 TPACK 水平的衡量标准（Sahin，2011；Lux，Bangert & Whiter，2011；Jun-Jie Tseng，2016；Jalil & Saman，2019）。国外对 TPACK 的研究从探讨其在外语教育方面应用的重要意义,到开展具体的现状调查、不断提高教师发展水平,再到研发针对外语教师知识水平的测量标准,已形成对 TPACK 较为成熟、系统的研究。

国内对 TPACK 的外语教育研究相对较少：一是通过对 TPACK 的理论、特点和结构分析,探讨教育技术与外语课程融合的理论研究（王琦,2014；张凤娟等,2015；程建山,2018）；二是探索 TPACK 在翻转课堂和混合教学模式等的应用研究（阮全友,2014；李明喜,2018）；三是少有的实证研究。其中,具有代表性的是王雪梅和熊奕雯（2018）的研究,她们对 10 所高校的调查发现英语教师 TPACK 水平较低。目前国内对大学英语教师 TPACK 发展现状及其影响因素的实证研究非常缺乏,对边疆民族地区的研究更属空白。本研究对新疆维吾尔自治区大学英语教师 TPACK 现状进行实证分析,开展 TPACK 现状、影响因素和教师发展策略研究。

3. 研究设计

3.1 研究问题

探究教师 TPACK 水平现状、了解 TPACK 发展的影响因素是分析大学英语教师 TPACK 发展策略的前提。针对目前 TPACK 实证研究较为缺乏的现状,本文确定了三个研究问题：

1. 新疆高校英语教师 TPACK 现状如何？
2. 人口变量学对新疆高校英语教师 TPACK 水平有何影响？
3. 影响大学英语教师 TPACK 的因素有哪些？

本研究通过调查问卷回答了第一和第二个研究问题，通过深度访谈回答了第三个问题，并在此基础上分析教师 TPACK 的发展策略。

3.2 研究对象

研究对象为新疆四所高校的大学英语教师，其中三所高校属于"新疆维吾尔自治区重点建设的五所高校"类院校，一所为省部共建高校。对四所高校教师的调查可以反映新疆高校大学英语教师总体的 TPACK 水平现状。共有 92 名教师参与问卷调查，他们的基本情况如下：性别（男 16.3%，女 83.7%）、民族（汉族 70.65%，维吾尔族 19.57%，其他民族 9.78%）、教龄（5 年以下 9.78%，5—10 年 14.13%，10—20 年 54.35%，20 年以上 21.74%）、教育背景（本科师范生 43.48%，非师范生 56.52%）、职称（助教 8.7%，讲师 69.57%，副教授 20.65%，教授 1.09%）、参加培训情况（从未 13.05%，偶尔 56.52%，经常 30.43%）。

从参与问卷调查并同意接受访谈的教师中，根据其性别、民族、职称、教龄及所属院校，共选取四位教师参加半结构式访谈（见表1）。

表1 访谈参与者基本信息

参与者	性别	民族	职称	教龄（年）	工作院校
哈密瓜	女	汉族	助教	4	某省属重点高校
巴旦木	男	汉族	讲师	11	某省部共建高校
开心果	女	汉族	讲师	17	某省属重点高校
雪莲花	女	维吾尔族	副教授	25	某省属重点高校

3.3 研究工具

本研究采用问卷进行现状调查。问卷的设计是在 Schmidit 等（2009）设计的职前教师 TPACK 问卷和 Jun-Jie Tseng（2016）设计的外语教师 TPACK 调查问卷基础上，结合大学英语教学特点改编而成。问卷共分两个部分：第一部分为教师基本信息，包括性别、年龄、民族、教龄、职称、学历、是否师范生、参加信息技术培训情况等信息；第二部分为 TPACK 调查量表，采用李克特五级量表的形式，从非常不同意（1）到非常同意（5）。通过试测，删除一个无效项目，最终确定 28 个有效项目。量表经过 Cronbach's α 信度检验，TK（0.861）、PK（0.842）、CK（0.901）、TPK（0.779）、TCK（0.863）、PCK（0.706）、TPACK（0.817）的信度良好，全样本 α 值为 0.937，量表内部一致性较好。

3.4 数据收集和分析

本研究于 2019 年 9 月至 11 月进行。通过手机"问卷星"工具向四所高校的问卷联络人发放调查问卷,由联络人将问卷链接发送至各校教研室微信群或单独发放至个人微信进行填写。共回收 97 份问卷,其中有效问卷 92 份,有效回收率为 94.85%。运用 SPSS22.0 进行问卷分析,并在量化分析的基础上对四位教师开展深度访谈。经参与访谈教师同意,访谈全程录音。每位教师的访谈时间约为一个小时,共计 4 小时 17 分钟,后转写成 16 625 字文本数据。对文本进行描述编码、类属分析、概念提取和归纳总结,找出主要影响因素。

4. 研究发现与讨论

4.1 大学英语教师 TPACK 知识水平分析

通过对量化数据的描述性分析,得出教师 TPACK 七个维度的均值,按从高到低的顺序依次为:PK>PCK>CK>TCK>TPK>TK>TPACK。如表 2 所示:

表 2 TPACK 描述性统计分析

维 度	样本容量	最小值	最大值	均 值	标准差
TK	92	1	5	3.43	0.844
CK	92	1	5	3.80	0.726
PK	92	2	5	3.99	0.606
TCK	92	1	5	3.67	0.752
PCK	92	1	5	3.91	0.597
TPK	92	1	5	3.45	0.886
TPACK	92	1	5	3.27	0.754

在七个维度中,PK 均值最高,PCK 和 CK 紧随其后,这说明教师具有较好的教学法知识、学科教学法知识和学科内容知识。在参与问卷调查的教师中,76.09% 的教师有 10 年以上的教龄,这可能是教师 PK、PCK 和 CK 值较高的原因。但是跟字母"T"相关的维度:TCK、TPK、TK 和 TPACK 的均值皆排在后列,这说明教师的技术知识水平较低。其中 TK 和 TPACK 的均值最低,这意味着教师在解决计算机硬件操作、运用最新或重要技术进行教学等方面水平有限,欠缺技术跟学科教学融合的知识。这一发现在访谈中得到了验证。受访者雪莲花谈道:"有时候也想制作个视频上课用,但是这些技术太复杂了,不太懂。"

4.2 人口学变量因素对大学英语教师 TPACK 各维度的影响

通过对教师基本信息数据的描述性统计,分析了教师的性别、培训情况、本科教育背景、教龄、职称和民族等人口变量学因素对TPACK七个维度的影响。数据统计如表3所示：

表3 人口变量学因素在大学英语教师TPACK各维度的均值统计

		TK	CK	PK	PCK	TCK	TPK	TPACK
性别	男	3.57	3.88	4.02	3.88	3.78	3.53	3.30
	女	3.41	3.78	3.99	3.92	3.64	3.43	3.27
教师培训	从未参加过	3.04	3.54	3.75	3.79	3.58	3.12	2.52
	偶尔	3.37	3.79	4.01	3.93	3.62	3.40	3.26
	经常	3.60	3.85	4.01	3.90	3.75	3.57	3.35
教育背景	师范	3.31	3.86	3.95	3.87	3.58	3.49	3.31
	非师范	3.53	3.85	4.02	3.95	3.73	3.41	3.25
教龄	5年以下	3.58	3.67	3.92	3.67	3.89	3.22	3.36
	5—10年	3.48	3.69	3.73	3.81	3.69	3.50	3.25
	10—20年	3.46	3.90	4.09	4.02	3.72	3.63	3.37
	20年以上	3.26	3.68	3.96	3.83	3.41	3.05	3.00
职称	助教	3.63	3.56	3.72	3.53	3.88	3.31	3.28
	讲师	3.43	3.78	3.97	3.92	3.66	3.53	3.29
	副教授、教授	3.36	3.94	4.16	4.03	3.60	3.23	3.23
民族	维吾尔族	3.54	4.02	4.33	4.15	3.69	3.29	3.38
	汉族	3.42	3.80	3.96	3.91	3.66	3.47	3.25
	其他民族	3.36	3.47	3.69	3.56	3.67	3.47	3.31

1. 男教师的技术知识均值高于女教师。这一结果与王雪梅等（2018）的研究一致。因为男教师在计算机、网络操作等实践中能力较强，而女老师对技术有一定的畏惧心理。在访谈中，笔者了解到巴旦木"喜欢钻研技术、从网络学习平台下载并分析学生的学习数据，喜欢尝试新的东西"，开心果"几乎从来不看跟技术相关的书籍，学校如果有相应的培训也会积极参加，但是学习效果不一定理想"。

2. 教师参加培训的频次跟其TPACK水平成正相关。经常参加培训的教师TK、CK、PK、TCK、TPK、TPACK六个维度的均值大于偶尔或从未参加过培训的教师，经常参加培训的教师的TPACK均值（M=3.35）显著高于从未参加过培训教师的均值（M=2.52）。可见，教师培训学习在提高教师技术知识水平方面具有重要作用。雪莲花提到："我们这儿很少举办技术类的培训，加上自己的懒惰心理，没有主动去钻研技术，所以对信息技术的使用比较落后，跟现在的大学生比都差远了。"

3. 本科是否就读于师范类院校仅仅对教师的 TPK 略有影响。这一发现与任秀华等（2015）和徐春华等（2018）在教育学研究领域的发现不一致，跟王雪梅等（2018）在外语教育研究领域中的发现也不一致。任秀华等提出本科是否就读于师范专业对 TPACK 的各个要素均有影响，徐春华等发现本科师范教育背景仅对教师的 PCK 水平有影响，王雪梅等认为有师范教育背景的大学英语教师 CK、PK 和 PCK 水平高于非师范教育背景的教师，但 TCK、TPK 和 TPACK 稍显逊色。研究不一致性的原因可能有二：一是大学英语教师技术知识较其他学科教师薄弱；二是我国针对职前教育的师范教育在人才培养方案和教育技术应用培养等方面可能存在差异化的现象。

4. 10—20 年教龄的教师 CK、PK、PCK、TCK、TPK 和 TPACK 均值最高。说明无论是在学科知识、教学法知识还是在整合技术的学科教学法知识方面，10—20 年教龄（54.35%）的教师水平较高于 10 年以下和 20 年以上教龄的教师。经过多年的教学，他们具备了较为扎实的教学功底，也能够将技术运用于英语教学之中。教龄在 5 年以下的新手教师 TK 最高，CK 和 PCK 最低。新进教师从小接触电脑和互联网，信息技术意识较强，但因为缺少教学经验，学科知识和学科教学法知识相对欠缺，导致其 TPACK 水平偏低。在 TK、TCK、TPK 和 TPACK 等跟技术相关的维度方面，20 年以上教龄的教师均值低于所有教龄段的教师。随着教学经历的增加，资深教师可能习惯了现有的教学模式，对于信息技术的运用有一定的排斥心理。开心果提到："我知道网络电子教室有很多可以利用的资源，但是自己缺少这一块的（技术）知识，不太会用，也不太想用。"

5. 随着教师职称的提升，其 TK 和 TCK 水平逐渐降低，CK、PK、PCK 水平不断升高。助教职称的教师在技术的运用方面具有一定的优势，而高职称教师的学科知识、教学法和学科教学法知识经验丰富，教学能力强。哈密瓜提到："在学校提出推行'雨课堂'的时候，我很愿意尝试，学生也挺喜欢这种新的教学方法呢。"说明新手教师具有运用新技术的强烈意愿。此外，在 TPK 和 TPACK 两个维度，讲师职称的教师均值最高，兼具了较好技术知识和学科教学法知识，其整合技术的学科教学法知识水平较高。

6. 维吾尔族教师的 TK、CK、PK、PCK、TCK 和 TPACK 维度均值高于汉族和其他民族的教师。在访谈中，雪莲花提到："维吾尔族教师熟练掌握维吾尔语、汉语和英语，在上课的时候，尤其是给民考民[①]班级上英语课的时候，具有很好的效果。"教师多语种的教学能力可能对其 TPACK 各维度的发展具有一定积极的影响。

4.3 大学英语教师 TPACK 影响因素分析

通过半结构式的访谈和对文本的质性分析，归纳了影响教师 TPACK 发展的因素，如表 4 所示：

---

① 指少数民族学生在参加全国普通高等学校统一招生考试时，使用本民族文字答卷。

表4　大学英语教师TPACK影响因素分析

影响因素 （提及次数）	类属分析 （提及次数）	具体内容（摘取）
教师认知（76）	感知效用（32）	什么PPT啦、视频啦、"雨课堂"啦，都是辅助教学的一种方式，只要教师会教，就算只用粉笔，一样可以教出优秀的学生。
		怎么把信息技术、教学法和英语课进行有效的整合，不是很清楚。
	技术知识（25）	我只懂得一些简单的PPT制作……音视频不太会做。
	自我效能（19）	我学习信息技术很慢，可能没这个天分吧。
		要是好好去钻研，肯定可以学会的，技术的东西嘛，熟能生巧。
培训学习（41）	学校培训（27）	学校虽然有时候也有培训，每次学完还蛮有收获的……有时候会在课堂上用（技术）。
		英语太边缘化了，跟咱们学科特别有关的技术培训，学校没有举办过吧。
	教师互学（5）	我们教研室的杨老师在（技术）这一块比较擅长，有的老师就找他学。
	教学研讨（9）	不管有没有培训，有啥样的培训，都得落实到大学英语教学当中吧，所以还得大学英语教师坐在一起，研究在英语教学中具体怎么运用。
学校环境（52）	激励措施（18）	研究技术，你说，就像制作视频吧，花费的时间很多，但是投入那么多精力，你也得不到认可呀，评职称、年底考核都没用的。
	评估机制（22）	我们做了一些学生网络成绩、平时成绩的数据分析，要是能够扩大形成性评价的分值，把从网上汇集的数据作为平时成绩就好了。
	技术支持（12）	有一些教室多媒体设备的电脑上不了网，想给学生上课查个资料，查不了。

1. 教师对技术的重要性认知不足、技术能力欠缺。英语教师普遍认为掌握基本的技术就能满足英语教学了，他们更多呈现的是浅层技术运用，并未以技术促进大学英语教学模式的变革，做到技术和学科教学的深度融合。因此，教师对技术的认知是桎梏其TPACK发展的重要因素。只有充分认识到信息技术跟学科教学知识进行融合的重要性和必要性，教师才会具有良好的学习和运用动机。若教师对于技术的认知只停留在技术是外部的辅助工具，可有可无，并非是教学的有机组成部分，将很难推行学科内容教学和信息技术的整合与融合。通过访谈得知，教师不了解数字化的教学内容资源、不了解与英语学科密切相关的技术工具等因素也制约了其TPACK的发展，如巴旦木提到："没有用过COCA、CCL等语料库……很少运用信息技术记录并反思教学。"

2. 培训学习次数少,针对性和系统性不强。问卷调查中,56.52%的教师偶尔参加培训,13.05%的教师从未参加过培训,只有30.43%的教师经常参加培训。通过访谈,笔者了解到近两年各个学校都开始了大学英语教育教学改革,将技术培训纳入改革内容之中。四所高校两年来都相继开展了信息技术培训,主要集中于教学平台运用、"雨课堂"、慕课制作等技术培训,但培训工作存在次数少、缺少系统性和针对性等问题。开心果指出:"学校现在在建智慧教室,最晚明年年初就可以投入使用,但是我们对智慧教室的了解很少,希望学校可以举办相应的培训。"受访者普遍提到,在自己学校,关于信息技术的培训几乎没有专门针对语言教育的,大学英语教师更是被边缘化,极少有针对大学英语学科的信息技术培训。因此,教师培训成为了影响其 TPACK 水平发展的重要因素之一。

3. 学校缺少激励制度、评估机制和软硬件的环境支持。首先,钻研技术需要投入不少时间和精力,若付出跟结果严重不成正比,会打击教师 TPACK 发展的积极性。其次,教学的评估机制没有将技术的使用纳入评估体系之中,未将技术所得数据纳入形成性评价和诊断性评价中,改进教和学。此外,学校的硬件和软件技术支持需进一步增强。哈密瓜作为一名新手教师,热衷于对教学技术的钻研,但是"有不少讲桌前的电脑没有网,用'雨课堂'的话就会受到限制,我只能用'360 随身 Wifi'连自己的手机热点来登录'雨课堂'"。

5. 大学英语教师 TPACK 发展策略

针对教师对技术认识不足、技术能力欠缺、学习途径较为单一、缺少环境支持等情况,本研究提出以下对策建议。

5.1 提高教师认知

1. 充分认识到技术与教学融合的必要性。教师应提高对技术的认知,将其视为课堂教学的有机组成部分,而非可有可无的附属品。目前数字化、网络、人工智能等技术使计算机从最初的辅助地位,变成常态化的学习工具,使其成为课堂教学生物链中的一环。信息技术必须得与其他要素合作、融合、配合,才能在教学上发挥其角色功能(陈坚林,2010)。作为教学主体的教师应提高认识,认同信息化教学理念,强化信息化教学理论和技能在英语课堂的实际操作能力,同时要整合信息化资源,成为运用现代化信息技术进行外语教学的主力军,通过教学实践,不断提升 TPACK 教学能力。

2. 教师要增强信念,转变角色,迎接变革。教师 TPACK 的发展以其对信息技术的知识储备为前提,而知识的积累依赖于教师内在发展的驱动力。因此,教师要增强技术和课堂融合的信念,积极参与学习,获得技术支持,探索学科知识、教学法知识和技术知识整合的教学设计,通过教学实践不断增强信念,建构个人知识体系。教师要转变角色,更新知识结构,将外化的教学技术知识逐步内化于课堂教学实践中,创设学习情境、开展协作学习和以学生为中心的学习环境设计,主动迎接教学变革和挑战。

5.2 开展师资培训

1. 开展教学理念培训。要提高教师 TPACK 水平,观念更新比信息技术培养更重要。如果不转变教师的教学理念,再多的培训也不能带来教学的实质性变革。教师要从自身改变理念,学校也应开展相应的培训。一是邀请名师到疆交流,让广大教师不断受到课堂变革的触动,进而转变理念;二是开展边疆民族地区的教师发展培训,设计针对教师理念转变的培训课程和方案,培训的关注点要从外部干预转为教师自身的意义建构,不断更新教师教学理念(王济军等,2015);三是鼓励教师走出去,开展交流学习和短期培训,以学促变。

2. 进行技术知识培训。学校要开展持续性的校本信息化技术培训,创设教学情境,将教学设计与实施、多模态教学方式的融合、数字化教学资源使用、信息化教学工具使用、网络教学平台开发、教育资源库的开发和教学绩效评估等内容纳入培训中。教师借助具体情境提高教学活动的设计,通过设计提升技术知识,促进专业发展,稳步提升 TPACK 水平。

3. 注重技术融合培训。掌握技术知识并不等于具备了将技术应用于英语教学的能力,技术培训必须跟大学英语教学紧密结合,解决实际教学问题。应开展针对技术知识与英语教学知识的策略融合与情境融合培训,进行技术与课堂设计的整合、网络教学平台的开发和使用、网络英语教学资源的搜索、评估和使用等培训,要聚焦英语教学资源、软件、平台、语料库,切实增强信息技术与英语教学的整合能力。

4. 关注教师协同培训。要注重发挥"教学情境"与"教师协同"的作用,针对不同类型的教师开展不同的 TPACK 培养方式(徐春华等,2018)。可设计针对不同技术背景、教学经验的教师培训,分新手入门、熟手培养和高手创新三个阶段,从理论、教学设计和技术整合应用等方面,结合具体的情境主题,开展教师 TPACK 协同培养工作。

5. 建立培训长效机制。开展教师入职前后培训,职前重点培养技术理论和实践知识,职后培训关注技术与课程的整合、应用技术的教学改革研究、技术辅助下的资源有效开发等实际操作层面的知识(崔艳丽,2014)。

5.3 加强环境建设

要从学校、教学团队、教学环境等方面加强教学环境建设。

1. 提供制度保障。学校要完善信息化教学环境下的评价和激励机制,将信息化教学能力作为衡量教师教学能力的重要指标之一纳入考核、评优和职称晋升的评价中,以制度保障信息化教学的开展。

2. 加强团队建设。教研室要开展信息化教学背景下以教师和学生为主体的混合式教学新模式实践探索,形成教、学、研共同体,建立由学科专家、教育技术专家和英语教师组成的教学实践团队。通过教学设计、教师观摩、专家指导的课例研究,不断完善教学,构建TPACK实践教学团队。教学团队要从总体上进行大学英语教学的改革规划与设计,完善信息与课程融合的课程设计、建设、实施和评价。

3. 建设教学环境。开设教学设计比赛,建构良好的信息化教学环境,促进教师交流;建立大学英语教师发展中心,注重提升教师自主发展意识;搭建TPACK知识共享平台,建立民族地区高校校际和校内大学英语信息化教学资源网,共享同类资源,提升其利用的有效性,教师亦可在此基础上建立个性化教学资料库,推动信息技术对教学的个性化服务。此外,学校要不断完善教学基础设施建设,为信息化教学提供有力的硬件支持。

6. 结语

教师对技术知识的认知、自主学习和应用实践对其TPACK水平发展起着至关重要的作用。只有教师转变认识、增强信念、采取行动并不断探索,才能不断发展整合技术的学科教学法知识。边疆少数民族地区教师要借助信息化教学发展的契机,转变观念,积极迎接变革,缩短和内地及沿海地区的教学差距。

本文通过对新疆高校大学英语教师TPACK的实证调查,分析了教师TPACK发展的影响因素,并提出了教师发展建议。但限于时间和篇幅,本文只对西北民族地区的新疆高校进行了调查。今后可进一步扩大范围,针对不同类型、不同区域的学校教师开展TPACK实证研究,不断完善教师TPACK发展策略,持续稳步促进教师TPACK水平的提升。

参考文献:

1. 陈坚林,2010,计算机网络与外语课程的整合———一项基于大学英语教学改革的研究[M],上海:上海外语教育出版社。
2. 程建山,2018,基于TPACK框架的大学英语教师知识结构解析[J],《河北科技师范学院学报(社会科学版)》(04)。
3. 崔艳丽,2014,英语教师信息化教学能力提升探究[J],《中国教育学刊》(05)。
4. 黄东明、高莉娜、王海燕,2013,高中教师TPACK现状调查与分析——来自N市的报告[J],《现代教育技术》(2)。
5. 李明喜,2018,基于TPACK的大学英语学习云空间构建及教学应用研究[J],《中国电化教育》(05)。
6. 任秀华、任飞,2015,高校教师TPACK现状调查及问题分析[J],《现代教育技术》(4)。
7. 阮全友,2014,翻转课堂里的TPACK和TSACK——基于一项英语教学研究的讨论[J],《远程教育杂志》(5)。
8. 王济军、陈磊、李晓庆、谢非、杨继琼、曹培杰,2015,TPACK视域下边疆少数民族地区教师专业发展研究[J],《中国电化教育》(05)。
9. 王琦,2014,外语教师 TPACK 结构及其技术整合自我效能研究[J],《外语电化教学》(04)。
10. 王雪梅、熊奕雯,2018,"互联网+"背景下大学英语教师 TPACK 水平及影响因素研究[J],《山东外语教学》(06)。
11. 徐春华、傅刚善、侯小菊,2018,我国高校教师的 TPACK 水平及发展策略[J],《现代教育技术》(1)。
12. 张凤娟、林娟、贺爽,2015,大学英语教师 TPACK 特点及其发展研究[J],《中国电化教育》(05)。
13. Debbagh, M. & Jones, W. M. 2016. Using the TPACK framework to examine technology integration in English language teaching [R]. Society for Information Technology & Teacher Education International Conference.
14. Debbagh, M. & Jones, W. M. 2018. Examining English language teachers' TPACK in oral communication skills teaching [J]. *Journal of Educational Multimedia and Hypermedia* 27.
15. Fathi, J. & Yousefifard, S. 2019. Assessing language teachers' technological pedagogical content knowledge (TPACK): EFL students' perspectives [J]. *Research in English Language Pedagogy* 1.
16. Huseyin, O. 2015. Assessing pre-service English as a foreign language teachers' technological pedagogical content knowledge [J]. *International Education Studies* 8.
17. Lux, N. J., Bangert, A. W. & Whittier, D. B. 2011. The development of an instrument to assess preservice teachers' technological pedagogical content knowledge [J]. *Journal of Educational Computing Research* 45(4).
18. Rahimi, M. & Pourshahbaz, S. 2019. *English as a Foreign Language Teachers' TPACK: Emerging Research and Opportunities* [M]. Hershey PA, USA: IGI Global, Disseminator of Knowledge.
19. Sahin, I. 2011. Development of survey of technological pedagogical and content knowledge (TPACK)[J]. *The Turkish Online Journal of Educational Technology* 10(1).
20. Schmidt, D. A., Baran, E., Thompson, A. D. et al. 2009. Technological pedagogical content knowledge (TPACK): The development and validation of an assessment instrument for pre-service teachers [J]. *Journal of Research on Technology in Education* 42(2).
21. Tseng, J. J. 2016. Developing an instrument for assessing technological pedagogical content knowledge as perceived by EFL students [J]. *Computer Assisted Language Learning* 29.
22. Voogt, J., Mckenny, S., Trimbos, B. et al. 2016. TPACK in language teaching: Implications for teacher education [N]. Proceedings of Society for Information Technology & Teacher Education International Conference.
23. Wu, Y. T. & Wang, A. Y. 2015. Technological, pedagogical and content knowledge in teaching English as a foreign language: Representation of primary teachers of English in Taiwan [J]. *The Asia-Pacific Education Researcher* 24(3).

作者简介：

于庆玲,女,新疆医科大学讲师,研究方向：外语教学,应用语言学。电子邮箱：yuqingling01@163.com。

朱小超,男,上海外国语大学博士研究生,讲师,研究方向：语言政策和规则,外语教学。电子邮箱：daniel_z@shisu.edu.cn。

世界一流大学人才培养目标与路径研究

上海外国语大学 田新笑 王雪梅

摘要：本文首先对比分析了三所世界一流大学人才培养的目标，阐明其共性与个性。然后从专业和课程设置、师资队伍、教育质量监控、国际化合作等方面探讨了三所大学的人才培养路径，以期为我国卓越国际化人才培养提供借鉴。

关键词：一流大学；人才培养；目标与路径

1. 引言

2018年6月，教育部部长陈宝生在新时代全国高等学校本科教育工作会议上指出："人才培养是大学的本质职能，本科教育是大学的根和本。"11月，在教育部高等学校教学指导委员会成立会议上，他进一步强调振兴本科教育为新时代高等教育改革发展的核心任务。2019年2月，国务院印发了《中国教育现代化2035》，明确提出要提升一流人才培养与创新能力，分类建设一批世界一流高等学校，建立完善的高等学校分类发展政策体系，引导高等学校科学定位、特色发展。从教育政策导向可见本科教育以及本科阶段的人才培养是新时代教育发展的重要任务。所谓他山之石，可以攻玉，有必要在明确世界一流大学概念的基础上，探讨其人才培养的目标和路径，以及对我国卓越国际化人才培养的启示。

2. 世界一流大学的界定

国内外学者从不同纬度和视角界定世界一流大学，其中既有共性又有不同。如Huang(2015)指出一所世界一流大学要有足够广泛的学科领域，基本应当涵盖所有主要的学术和人文领域，且其教育质量应该是世界顶级水平。Zong & Zhang(2019)则认为，世界一流大学的共同特性在于人才的集中、高经费的投入和自由的学术氛围。刘金秋(2016)指出：一流大学应具备一流的国际声誉、办学理念、基础设施、科研条件、教学科研

---

* 本文系上海外国语大学重大项目"传承与创新视角下的上外人才培养研究"（2017114003）、上海市社科规划项目"全球胜任力视域下上海大中小学外语教育规划研究"（2019BYY017）、上海外国语大学导师学术引领计划"语言教育规划视阈下大学生外语能力发展研究"阶段性成果。

团队；能够产出一流的学术成果和育人成果；具有一流的管理体制和运行机制，并能不断创新；具有厚重的校园文化和自由探索的精神氛围。戴炜栋和王雪梅（2016）提出世界一流大学要有一流的教学（培养高水平拔尖人才）、一流的科研（产出系列高水平成果，解决国际学术领域的重要问题，具有广泛的国际影响力）、一流的师资（国际引领作用的学科带头人与学术团队）、一流的社会服务（对接国家和区域战略需求，发挥资政咨商启民作用），以及一流的管理（优质高效的现代大学发展机制）。商筱辉（2017）认为世界一流大学的内涵是：在制度层面，要有世界一流的办学理念、完善的现代大学制度、一流的大学管理；在办学层面，要有世界一流的学科、一流的科研成果和一流的师资，而无论是制度还是办学层面的各要素，都是围绕着本质目标，即大学的人才培养而服务的。

综上可见，界定世界一流大学既要考虑人才培养、学术科研、师资水平等共性特点，也要考虑现代大学治理、国家需求、社会服务等个性特点。正如 Postiglione（2015）在分析中国内地和香港地区高校教育政策及管理模式的基础上指出，中国要建设世界一流大学，须推进国际化进程，扩大高校自主权，实现科学研究和教学的平衡协调发展。所以，界定世界一流大学既要照顾大学作为社会和国家人才培养核心机构的共性特征，又要考量世界各国、各区域的特色和战略需求。国际公认最具影响力的大学排名有三大体系：上海交通大学的排名体系（ARWU）主要根据"文献计量学"的单维性排名；英国国际教育市场咨询公司 Quacquarelli Symonds 发布的 QS 世界大学排名主要比较世界上千所大学的研究、教学、就业指数以及国际化程度 4 个方面；《泰晤士报高等教育》世界大学排名（THE）通过考查大学核心使命——教学、研究、知识转化和国际化程度的完成情况对全世界研究性大学进行排名。王宝玺（2018）认为 THE 世界大学排名评价体系既包含学校的教学质量和整体研发实力，又包含学校在研究领域的影响力和国际化程度，还考察了学校的研究与企业界的联系，较为全面地评估了世界一流大学的不同维度。因此，笔者根据 2019 年 THE 大学排名，选出牛津大学、斯坦福大学和墨尔本大学。这三所大学连续三年在各自区域/洲的 THE 排名中都位居榜首，排名状态非常稳定（见表 1）。

表 1　2017—2019 年三所大学在 THE 大学排名

国家/地区	学校名称	2017 年		2018 年		2019 年	
		世界排名	本土排名	世界排名	本土排名	世界排名	本土排名
英　国	牛津大学	1	1	1	1	1	1
美　国	斯坦福大学	3	2	3	2	3	1
澳大利亚	墨尔本大学	33	1	32	1	32	1

从表 1 可见，这三所大学校属于发达国家的知名院校，有的奉行古典主义教育，以培养绅士为传统；有的提倡实用主义教育哲学，为国家和社会发展培养顶尖人才；有的积极

拓展国际声誉,培养高素质的国际公民。本文将对这三所大学的人才培养目标和路径进行对比研究,以期对我国卓越国际化人才培养有借鉴意义。

3. 人才培养目标

大学的人才培养目标从其校训、使命描述,或者战略规划可见一斑。从某种意义上来看,校训代表了学校某个时期,尤其是初创期的宗旨;使命和战略规划则立足当下,面向未来的发展和人才培养的行动方案。通过三所大学的官方网站在 2020 年 1 月所显示的信息,以上内容可以由表 2 呈现出来。

表 2　三所大学人才培养目标概况

学 校 名 称	校　　　训	目　　　标
牛津大学	Dominus Illuminatio Me（上主乃吾光）	《牛津大学战略计划（2018—2023）》[1]
斯坦福大学	Die Luft der Freiheitweht（让自由之风劲吹）	《斯坦福大学 125 年》[2]
墨尔本大学	Postera Crescam Laude（以人为本,与时俱进）	《声望提升战略计划 2015—2020》[3]

三所大学的校训都是拉丁文,传递了大学古典主义精神,也体现出大学探索真理的教育使命。从整体上看,三所大学都有清晰明确的战略目标,且都明确要打造符合世界人才发展趋势的一流大学,着重强调培养学生的学术能力,重视师资队伍建设,尤其是其科研水平和教学能力,都对接全球化治理需求,着力培训人才和提供服务。从具体战略目标来看,牛津大学制定了长达 6 年的发展计划,其中涵盖了对教职工、学生的规划,包括牛津大学学术目标以及社区服务投入等方面。斯坦福大学在 2016 年举行了一系列庆祝建校 125 年的学术活动,其中不但包括其历史成就,也包括了对未来的发展定位。早在 2005 年,墨尔本大学就出台了首个"声望提升战略计划"(Growing Esteem Strategy),旨在建立国家一流大学。2008 年,受国际一流大学启发,墨尔本大学发布了旨在建立世界一流高校的"墨尔本模式",致力于培养具有全球胜任力和拥有解决实际问题能力的学生。2015 年,该校又出台了基于"墨尔本模式"的最新"声望提升战略计划 2015—2020"。

除以上共性外,三所大学在人才目标和战略规划方面各有特点。

---

[1] University of Oxford. Strategy 2018-23. [EB/OL]. http://www.ox.ac.uk/sites/files/oxford/field/field_document/Strategic%20Plan%202018-23.pdf.
[2] Stanford University. About Stanford [EB/OL]. https://125.stanford.edu/about-stanford-125/.
[3] The University of Melbourne. International Strategy [EB/OL]. https://about.unimelb.edu.au/strategy/melbourne-model.

牛津大学在其官网发布了《牛津大学战略计划(2018—2023)》。该计划把其使命和目标精确描述为：全面发展教学和科研，并致力于成果传播。为此，牛津大学将汇聚并团结教职员工、学生、校友、学院之力，提供一流的研究和教育。该计划旨在实现5大愿景：第一，录取所有具备潜在学术能力的学生，为其提供卓越的学术体验并使其学有所成；第二，提升科研质量，更加重视科研人才，为他们提供必要的科研条件和环境，使科研成果稳步增长并造福世界；第三，招聘并留住最好的学术和管理人员，保证少数族裔者在招聘、个人发展和晋升等各方面的公平；第四，积极参与公共事务，致力于创建世界一流创新生态，跟当地社区更加紧密合作，推动科研成果向公共领域转化，通过拓宽国际合作使科研优势最大化。纵观牛津大学的发展历程，不难发现，其在人才培养、学校治理等方面坚持学术本位、独立自治和学术自由，一直在稳定中寻求发展，审慎地探求大学文化软实力建设之路(周倩等，2014)。

斯坦福大学秉持的宗旨是：通过影响人文来提升公共福祉。该大学在建校后相当长的时间内坚持"实用教育"价值观，以培养"有用的人"为教育目标，即"大学教育要为学生的个人生活和工作的成功做准备"。建校伊始，斯坦福大学的专业都非常具有实用性。该校实用主义教育理念离不开美国当时的政治、经济环境因素的影响，也跟美国社会的实用主义哲学，尤其是杜威的实用主义教育哲学一脉相承。进入全球化的知识经济时代，斯坦福将人才培养目标确定为"培养知识渊博、个性鲜明、富有创造力的，能够引领下个世纪的领军人才"。正是这种人文精神和实用主义的有机结合，持续推动斯坦福大学成为世界最好的大学之一，并源源不断地为硅谷这个世界上最著名的高科技实业王国输送人才(汪霞、顾露雯，2018)。通过QS大学专业排名查询，斯坦福大学的计算机科学专业位居世界第二。通过检索斯坦福大学官方网站，笔者发现其本科课程的任务是发展学生在计算机科学各学科领域的知识广度，包括他们运用计算机科学理论来解决该学科问题的能力。因此，本科的计算机和人工智能专业教学水平和资源几乎跟研究生阶段的学习同步。

墨尔本大学官方网站信息显示，2008年推出的"墨尔本模式"旨在培养在全球范围内表现出色的毕业生。"墨尔本模式"下的教育目标是培养具有杰出的学术水平、熟练的动手能力以及有社会责任感，且拥有宽阔和开放视野的全球公民。在专业和学术上，墨尔本大学的学位和课程设置的目标是：致力于培养具有批判性、创造性和推理能力的思想家。具体而言，墨尔本大学所培养的学生可以运用所学知识和技能解决复杂环境中的问题，也能够和他人进行有效的口头与书面交流，从而能在工作岗位和社区解决各种问题，不仅善于终身学习，而且能提出新奇的、具有可操作性的想法和举措。跟斯坦福大学类似，墨尔本大学的人才培养目标之一也是使其毕业生成为创业和创新的思想领袖。通过在墨尔本大学的学习，学生应善于去探索、实验，并从失败中吸取教训，应具有良好积极的态度，较强的自我管理能力和自控力，能够有效地与他人合作，拥有高度的自我反思能力，富有同情心并乐于关心他人。

三所世界一流大学的人才培养目标既有共性，又有特色。它们的特色根植于大学建立之初的理念和使命，而这些理念和使命又跟大学所在区域和国家的教育价值和目标密切相关。牛津大学人才培养目标受古典主义教育理念影响较大，绅士教育和精英教育为培养英国社会的领导者发挥了重要作用。斯坦福大学成立的初衷就是为工业发展和美国西部开发培养人才，所以杜威的实用主义教育哲学深刻影响了斯坦福大学的人才培养理念。墨尔本大学作为澳大利亚最古老的高等学府，勇于创新和改革，提出"墨尔本模式"，从学制、专业、学科、教师队伍等方面进行锐意改革，以培养极具竞争力的国际人才为己任。

4. 人才培养路径

基于钟秉林（2013）的理念，笔者认为，人才培养模式指在一定的人才培养理念指导下，由人才培养目标和规格、专业设置和建设、课程体系和教学内容、教学方法和教学手段、教学评价和质量监控等要素构成的动态系统。而世界一流大学人才培养主要涉及专业和课程设置、师资队伍、教育质量监控、国际化合作等方面。下文将进行具体分析。

4.1 专业和课程设置

在专业和课程设置方面，三所学校在满足学生学习兴趣的同时，基于校本特色，通过科学分类和安排，为实现自我人才培养目标奠定了坚实的基础。三所学校的专业和课程设置的实际情况见表3：

表3 三所学校的专业和课程设置情况

学校名称	专业数量	类 型	课程设置	质量保障体系	特 色
牛津大学[1]	49	单一专业：23 复合专业：26	年限：3 课程： 第一年：核心基础课程 第二、三年：专业课程	牛津学习研究所	个人兴趣为主，导师指导为辅。
斯坦福大学[2]	54	人文艺术：18 自然科学：6 社会科学：6 跨学科：24	年限：3年，学分制(180) 课程：公共基础课、通识课程、主修课程	教学与学习中心	课程文理兼备，类型多元。

---

[1] University of Oxford. Courses. [EB/OL]. https://www.ox.ac.uk/admissions/undergraduate/courses?wssl=1.
[2] Stanford University. Majors [EB/OL]. https://majors.stanford.edu/.

(续表)

学校名称	专业数量	类型	课程设置	质量保障体系	特色
墨尔本大学①	100	建筑设计、艺术、商业、教育、工程、环境、健康、计算机、法律、音乐、科学、农业	年限：3年,学分制(300) 课程： 第一年：核心课程 第二、三年：专业课程	学习环境支持中心	课程广度和社区适合性。

牛津大学目前设有49种本科专业，其中单一专业23个，复合专业26个。双专业主要是考古学与人类学、生物医学与科学、历史与经济等；三科专业分别是哲学+政治+经济、心理学+哲学+语言学。在复合专业中，有些专业相似或近似，例如英语语言和文学；有些专业则具有跨学科特色，例如数学和哲学。课程设置方面侧重区域国别研究等，譬如东方学院、日本学、法语系、欧洲史、中东研究等，同时开设了美国历史、政治、国际关系、文学等相关课程。为保障学生在良好的环境中学习和研究，牛津大学为学生提供了多项学习支持服务：生涯服务系统、各种教学资助、学生咨询服务、残疾学生服务、丰富的线上线下资源、海外学习服务、语言支持服务、托儿所及育儿基金等。

斯坦福大学的本科生课程力求达到知识广度和专业深度的平衡。大学要求本科生至少完成180个学分的学习才可以毕业申请学位。课程包括公共基础课、通识课程、主修课程。如果学生希望继续深造，还可以申请双学位，要求至少修满225个学分；或者申请辅修学位、荣誉学位。公共基础课程包括语言、写作和修辞学等必修课。斯坦福大学认为学习不同国家的语言可以显著拓宽学生的知识面，提高其表达能力，因此要求每个本科生都能掌握一门外语。写作和修辞学要求学生修满三个级别的课程：前两个级别分别于一年级和二年级完成，一年级课程重在分析和论证，二年级课程重在写作和口头表达的条理性。三个级别的课程难度和要求呈递进趋势，且最后一个级别的课程直接与主修要求相通。斯坦福大学的学生不仅要有专业领域的知识，还要了解人文学科、社会科学、自然科学、应用科学和技术等知识，认识塑造当今世界的社会、历史、文化和知识力量，帮助学生成为对社会负责的公民。课程的国际化特色鲜明，在300多门课程中，当代全球事件历史和地理、德国和世界大战、拉丁美洲文化和社会、现代中国史等课程赫然在列。为了培养优秀的本科生，斯坦福大学通过建立教学服务和支持部门，设置教学奖励，建立教学与学习中心、本科生咨询和研究办公室、职业发展中心、学术顾问等学习支持系

---

① The University of Melbourne. Facts [EB/OL]. https://study.unimelb.edu.au/find/.

统来有效保障教学,同时通过不断降低师生比,使学生在小班课堂教学中与教师互动交流。

墨尔本大学致力于促进学生深刻理解某一特定领域。为此,该大学为本科生设置了100余个可供主修学习的领域,学生可根据自己的职业理想和规划进行选择。2005年,首次提出的"墨尔本模式"致力于为学生提供富有广度和深度的课程学习。与澳大利亚其他大学有所不同,墨尔本大学的本科生要在3年内完成本科教育,之后自主选择是否进入专业硕士课程或者研究生课程。墨尔本大学的100多个本科专业包含12个独立领域:建筑设计、艺术、商业、教育、工程、环境、健康、计算机、法律、音乐、科学和农业。学生可以潜心于一个专业,并获得相关领域的学士学位,或者按照自己的兴趣学习其他专业。大学规定学生不必一开始就选择未来3年要学习的专业,而是在第一年修读一系列核心课程,然后再选择未来2年要发展的方向。此外,墨尔本大学还提供荣誉课程、慕课等供学生选修。这些课程有助于激发学生的兴趣,帮助其获得适应现代社会的能力。墨尔本大学也建立了自己的教学保障体系和学习支持系统,譬如学术与国际部具体负责监督墨尔本大学的教学发展,并为其提供保障。

4.2 师资队伍

世界一流大学建设需要有一流师资。三所高校都注重高水平师资的引进和考核评价,具体如表4:

表4 三所大学师资队伍概况

学校名称	教师	知名学者	引进政策	国际化程度	评价体系
牛津大学[1]	学术型:1 800 研究型:5 500	英国皇家学会学者:80 英国学院院士:170[2]	《牛津大学战略计划(2018—2023)》	48%来自非英国地区	高等教育角色分析工作评价方案
斯坦福大学[3]	学术型:1 684 研究型:2 240	17名诺贝尔奖获得者[4]	2019年版《员工手册》	全球一流学者	教学与学习中心

---

[1] University of Oxford. Facts and Figures. [EB/OL]. http://www.admin.ox.ac.uk/media/global/wwwadminoxacuk/localsites/personnel/documents/factsandfigures/staffingfigures2017/Staffing_Figures_2016-17_Final.pdf.
[2] University of Oxford. Facts and Figures. [EB/OL]. https://www.ox.ac.uk/about/facts-and-figures/full-version-facts-and-figures?wssl=1.
[3] Stanford University. Facts. [EB/OL]. https://facts.stanford.edu/.
[4] Stanford University. History. [EB/OL]. https://www.stanford.edu/about/history/.

（续表）

学校名称	教师	知名学者	引进政策	国际化程度	评价体系
墨尔本大学①	学术型：4 429 专业型：4 110	9名澳洲勋章获得者 3名澳大利亚科学院院士 9名澳大利亚社会科学院院士②	2018年多样性和包容性宣言	全球范围人才	总事务处

牛津大学2007年始将员工进行分类，具体包括：学术型、研究型、教学和研究辅助、行政、图书馆系列等。官网显示，截至2020年1月3日，牛津大学学术型教师的数量为1 800人，研究型教师数量为5 500人。从人数比例上看，牛津大学对于科研人力资本的投入是巨大的，在高层次人才引进方面出台了积极政策。《牛津大学战略计划（2018—2023）》明确提出：提供具有国际竞争力的薪资，对享有国际声誉的人才或一些领域的紧缺人才放宽录用标准。数据显示，牛津大学2018年拥有英国皇家学会（the Royal Society）学者80名，英国学院（the British Academy）院士170名。

斯坦福大学创建之初就认识到优秀师资对于大学的重要性。1891年，戴维·斯塔尔·乔丹（David Starr Jordan）被任命为斯坦福首任校长，当时教师队伍只有17人，第二年发展到了29位教授。二战后，教务长弗雷德里克·特曼（Frederick Terman）启动了"卓越塔尖"计划，引进众多杰出的科学和工程研究人员。作为教学与研究并重的私立研究型大学，该校始终坚持聘任一流的师资，开展一流的教学与研究。成立至今，先后有31位教师获诺贝尔奖。根据2020年的数据，在职教员中有17位诺贝尔奖获得者，还有数百位美国国家艺术与科学研究院、工程院院士。

墨尔本大学1853年建校之初仅有4名教授，而根据2017—2018年度教职员工报告，现已拥有超过8 000名学者和专职教师。从2020年官方网站公布的数据来看，墨尔本大学新进9名澳洲勋章获得者、3名澳大利亚科学院院士、9名澳大利亚社会科学院院士，在本土独占鳌头。2015—2020年的"提升声望"战略认为，墨尔本大学最引以为傲的资产即它所拥有的师资队伍。2018年，墨尔本大学在澳大利亚被引研究者排名中高居榜首。

通过以上数据可以看出，世界一流大学不仅强调师资队伍的数量，更重视师资队伍的质量，学校全力吸纳顶尖学者，汇聚各领域的精英人才。

---

① The University of Melbourne. Facts. [EB/OL]. https：//about.unimelb.edu.au/__data/assets/pdf_file/0031/59782/Quick-Facts-2018.pdf.
② The University of Melbourne. Facts. [EB/OL]. https：//about.unimelb.edu.au/__data/assets/pdf_file/0015/28104/2017-annual-report.pdf.

4.3 教学质量监控

教学质量监控是实现人才目标的必要保障。牛津大学目前采用的是高等教育角色分析工作评价方案。这是专门用于高等教育的绩效考核方法,具体包括14项:沟通、团队合作、联络、服务、决策过程和结果、计划和组织资源、解决问题和启发力、分析和研究、身体素质、工作环境、精神关怀、团队发展、教学支持、知识和经验。

牛津大学的教育质量监控和管理体系科学系统,既有外部质量保障体系,又有内部质量保障体系。其中,外部质量保障体系主要是由英国高等教育质量保障机构、英国高等教育基金委员会以及其他社会团体构成。

长期以来,斯坦福大学以教学与学习中心作为教学服务质量的保障和监督部门。2014年,该大学又成立了教学教务长办公室,跟教学和学习中心一起致力于教学课程设计咨询、小组评价、在线评测、课程视频记录、技术支持、新教师培训和支持等工作,以提升和保障教学质量。大学教务长作为学校学术和预算总负责人,管理校内一切学术事务,包括教学和科研。学校还设置专门负责教学的副教务长,成立了多个行政主管部门,运用线上教学评价系统,完善教师自评、同行评议、学生评教等多维度的教学质量监控机制。

墨尔本大学通过总事务处(Chancellery)保护学生公平和多样性,加强学生体验,并通过教育改革和课程标准化提高教学质量。

4.4 国际化合作

国际化是世界一流名校的办学目标之一,具体体现在国际化意识和战略目标的制定上。除了扩大国际生的比例和从全世界引进高端人才,还应注重知识和科研创新,促进教师参与跨学科和跨国别问题研究,建立与国外大学的学术联系,与国际科研组织进行协同合作。三所世界一流大学分别从人才培养、师生比例、科研、课程等方面推进国际化发展并取得成效。

牛津大学的275 000位校友分布世界各地,41%的学生属于国际生,48%的教职员工来自非英国的国际区域。该校与日本、印度、韩国、新加坡、德国、加拿大、墨西哥、美国、澳大利亚、新西兰等国家的高等院校和科研机构间的合作卓有成效。

斯坦福大学有超过220 000位校友来自全美50多个州和158个国家及地区,是学生国际化程度最高的美国大学之一。该校非常重视学生的跨文化学习能力,提供非常多的海外学习机会,为有良好学术基础的学生提供机会参加为期3周的暑期海外研讨会项目。为了保障教师队伍的国际化,斯坦福大学从全球招聘教师,致力于联合全世界优秀的研究机构和人员,解决全球性问题。

墨尔本大学积极推动与世界大部分国家的高等院校、科研院所在学术研讨、学术展览、短期课程和领导力项目等方面的合作交流。该校有超过21%的学生与全球30多个国家的140多所学校进行了交换生项目,提升了师生国际化比例;有36%的在校生来自全球130多个国家,旨在培养世界公民;与50多个国家的超过250个科研院所建立合作,并推动与全世界工业、企业间的合作,推动科研成果转化。通过2015—2020年"提升声望"战略,墨尔本大学不断增强国际参与度,扩大其国际影响力,逐步建立了其在世界高等教育领域中的杰出地位。

5. 对我国卓越国际化人才培养的启示

了解世界一流大学的培养目标和人才培养模式,对我们思考如何更好地培养一流本科人才,建成世界一流大学具有重要的启示意义(王平祥,2018)。三所世界一流大学人才培养目标和路径对我国卓越国际化人才培养有以下几点借鉴意义:

第一,明确一流人才培养目标。三所世界一流大学均结合自身办学传统,强调培养学生的学术能力、跨文化沟通能力、全球治理能力等,且重视教学、科研与师资的整体发展。笔者认为,就外语学科发展与外语人才培养而言,有必要对接"一带一路"倡议要求,培养具有中国情怀、国际视野、跨文化沟通能力和专业领域能力的人才。当然,各外语学科可根据学科特色和优势,细化人才的规格与内涵。2018年9月,教育部在北大、清华、北外、上外等22所院校试点"一精多会、一专多能"公共外语改革。这一改革有助于各外语学科基于科学合理的目标,探索不同的改革路径,建构相应教育教学体系。

第二,优化专业与课程体系。三所世界一流大学在专业丰富性、复合性方面可圈可点。有的院校不仅有各类单一专业,且有跨学科的复合专业,这对我们的人才培养具有参考价值。众所周知,北京大学外语学院在外语+历史专业人才培养方面的试点效果显著。面对复合型人才培养的需求,探索外语学科与其他学科相融合的双专业或多专业具有重要意义。2019年12月,教育部公布了首批国家级一流本科专业,今后专业评估中有必要考虑双专业或多专业的趋势。专业确定后,优化课程体系,特别是其中的国际化模块、专题化模块至关重要,而核心课程、荣誉课程、慕课等概念也应予以普及。在课程体系建构中,不能忽略人工智能的作用。随着信息科技的发展,人工智能时代的来临必然会给高等教育,尤其是本领域的人才培养模式带来影响(赵智兴、段鑫星,2019)。

第三,创建一流师资队伍。三所世界一流大学不仅注重师资的国际化,更强调师资的引领性。换言之,顶尖人才是确保人才培养质量的核心。就外语学科而言,一方面可以全球招聘大量优秀师资,另一方面应优化体制机制,促进人才的柔性引进与教学科研合作。在这一过程中,国际化理念至关重要。国际化的合作不仅包括师资的来源,还强调科研项目的合作交流,科研成果的国际推介等。

第四,加强学习支持和教学质量保障。三所世界一流大学一方面设置专门的学习支持与教学质量保障机构,另一方面明确相应教学评价指标体系,同时运用信息技术等促进教学支持与互动反馈。就外语学科而言,不仅需要有效运用信息技术等营造线上线下的学习空间,促进优质学术资源共享,而且要加强过程管理,提高教育教学监控效果。

参考文献:

1. 戴炜栋、王雪梅,2016,"双一流"背景下的我国外国语言文学学科发展战略[J],《北京第二外国语学院学报》(5)。
2. 刘金秋,国家创新体系视野下的世界一流大学建设——以北京大学为例[J],《北京教育(高教)》(03)。
3. 商筱辉、姜金秋,2017,世界一流大学的内涵、本质与建设路径[J],《中国高校科技》(Z1)。
4. 汪霞、顾露雯,2018,世界一流大学研究生培养模式和课程体系研究[M],南京:南京大学出版社。
5. 王宝玺、于晴,2018,亚洲世界一流大学建设的特点及启示——以东京大学、新加坡国立大学和香港科技大学为例[J],《高校教育管理》(06)。
6. 王平祥,2018,世界一流大学本科人才培养目标及其价值取向审思[J],《高等教育研究》,(03)。
7. 赵智兴、段鑫星,2019,人工智能时代高等教育人才培养模式的变革:依据、困境与路径[J],《西南民族大学学报(人文社科版)》(02)。
8. 钟秉林,2013,人才培养模式改革是高等学校内涵建设的核心[J],《高等教育研究》(11)。
9. Huang, F. 2015. Building the world-class research universities: A case study of China [J]. *Higher Education* 70.
10. Postiglione, G. A. 2015. Research universities for national rejuvenation and global influence: China's search for a balanced model [J]. *Higher Education* 70.
11. Zong, X. & Zhang, W. 2019. Establishing world-class universities in China: Deploying a quasi-experimental design to evaluate the net effects of Project 985 [J]. *Studies in Higher Education* 44.

作者简介:

田新笑,上海外国语大学语言研究院博士研究生,研究方向:语言战略与外语教育。电子邮箱:tianxinxiao@vip.qq.com。

王雪梅,女,上海外国语大学教授,博士生导师,研究方向:二语习得,应用语言学,教师教育,语言战略与外语教育。电子邮箱:wxm97@126.com。

基于教与学的抽样调查，
透视"一年两（多）考"的利弊及对策

复旦大学附属中学　耿　鋆

摘要：上海高考英语"一年两考"政策试点三年以来，引起了社会和教师的广泛关注与讨论。笔者通过对市、区示范性高中和普通高中师生的抽样调查，采用文献研究法、访谈法、问卷调查法和课堂教学观摩，就政策对教与学的影响进行探究，分析师生在态度、教学（学习）内容和方法等方面的变化，透视政策的利与弊，思考相应对策。

关键词：一年两考；教与学变化；利弊与对策

1. 引言

外语高考改革，不仅是一项重要的外语教育政策，也体现了政府提高教育质量、促进社会公平和效率的价值倡导，对社会、家庭、学校，以及教育、教学的政策都有着重大影响。2010年，中共中央、国务院发布的《国家中长期教育改革和发展规划纲要（2010—2020年）》明确指出，高考要"深化考试内容和形式改革，注重考查综合素质和能力，探索有的科目一年多次考试的办法，探索社会化考试"。2014年，国务院颁发的《国务院关于深化考试招生制度改革的实施意见》提出外语科目提供两次考试机会。根据中央精神，上海在2017年的1月和6月首次施行了英语科目的"一年两考"，考生选择其中较高的成绩计入高考总分。上海作为高考改革试点，其英语高考内容及形式的变化无疑引起了人们极大的关注。本文拟通过文献研究、访谈、问卷调查和课堂观摩等方法，抽样调查教与学所发生的变化，重点探讨和分析"一年两考"改革所带来的利与弊，思考相应对策。

2. 高考英语（上海卷）历史演变回顾

2.1　高考英语改革变化

全国高考英语，从20世纪80年代的MET，到20世纪90年代的NMET，再到部分省市的自主命题，其测试目标、考查重点、考试形式等都发生了重大的变化：变知识识记为综合运用，变语法翻译为交际能力测试等，分值也由1979年的分值按10%计入总分变为当今的满分150分。由此可见，英语教育及其测试在基础教育阶段占据了重要的地位。30多年来,教育部不断调整和变化英语科目的题型结构,旨在更科学有效地测试考生的语言能力。刘庆思(2008)在《改革开放三十年来我国高考英语科目的发展情况》中指出,英语高考改革是为了高校能选拔更优秀的人才,推进中学的素质教育。高考制度在人才选拔培养中的核心地位,高考公平对国家稳定和发展的保障作用,都是我们今天讨论高考和研究高考改革举措的重要前提(于涵,2019)。

2.2 高考英语(上海卷)改革历史回顾

作为首个自行组织命题的城市,上海的英语高考已走过了30多年的历程。在此期间,为了顺应上海基础教育一、二期课改,同时受国际语言测试研究成果的不断影响,上海英语高考见证了四个发展阶段。

2.2.1 自主命题的起步摸索阶段

以1985年的自主命题试卷为例,当时高考主要考核语法、词汇和阅读理解,其中语法和词汇占总分的70%,多以语言知识辨析和记忆类题目为主。命题模式充分体现了当时的英语教学深受语法翻译法(grammar-translation)以及结构主义测量法(structuralist-psychometric approach)的影响。

2.2.2 弱化语法和词汇阶段

此阶段的改革是在上海高中英语教学一期课程改革背景下进行的。这个阶段的高考试卷在结构上有了显著调整,除了弱化语法和词汇的考核外,试卷增大了阅读的比例,并首次加入了写作能力测试,突出了语言的工具性。这是综合测试法(integrative approach)对语言教学的影响所致,强调语言测试中语境的重要意义。

2.2.3 二期课改阶段

第二期课程改革是在1997年教育部颁布的新《普通高中英语课程标准》实验版的推进下进行的,力度大,影响力也大,再加上受交际测试法(communicative approach)的影响,第三阶段的上海英语高考目标明显在于加强测试考生的全面语言能力(陈洁倩,2005)。试卷除了保留语法、词汇测试外,还考察学生的听力、口语(考前)、阅读、写作、翻译等语言技能,体现了上海英语高考改革的前沿性和先进性(潘鸣威,2016)。

2.2.4 成熟发展阶段

从2017年开始,上海英语高考采取一年两考制,考核项目比例趋于均衡,减少了单句式选择题,与真实环境相符的大篇幅语料成为试卷的主要测试载体。此外,听力中增设了填表和回答问题的任务;利用人机对话的形式进行口试;使用语篇填空考核语法;英语作文也有了明确的写作任务(如信函等),增加了概要写作(summary writing);阅读理解的篇章也增加了非连续文本,以考查学生用英语解决实际问题的能力。这些变化使得上海英语高考更具科学性,实现了对语言能力的全面考查。

2.3 "一年两考"的专家研究

上海高考英语"一年两考",作为深化我国招生考试制度改革的"探路石",在试行的三年中虽然已经逐渐被社会接受,但仍然成为人们关注的热点。其对高校选拔新生、对中学的英语教学和素质教育发挥的反拨作用,也引起了诸多专家的热议。

郑方贤和徐雯(2019)指出新高考英语实施"一年两考"方案,学生可以自主选择参加考试,取其中较高的一次成绩计入高考总分,这一政策给予学校和学生更多个性化的学习设计。"一年两考"的设计从测评视角看也更为科学,可以减少因考生身体状况、考试设备故障等偶然因素造成的影响,也可降低考试可能存在的抽样误差,从而体现现代教育中的人性化因素。

姚桂招和郭晨艳(2018)指出了"一年两考"对于中学课堂教学变化的影响:部分学校按需分班,采用走班制教学,针对不同英语水平的学生开设不同层次的班级,有效促进了学生之间的交流,提高了教师的教学质量,某种意义上初步折射出了新高考改革对于一线课堂教学的反拨作用。比如,复旦附中的浦东分校尝试了走班制,对于刚进校的学生,结合其第一学期期中考试成绩和本人意愿,分别进入数学、物理、化学、英语四个科目的A、B、C三个班级学习。

但是也有专家在研究中提出了相反的看法。王卉和周序(2017)发现在片面的应试环境中,应试的时间提前,比重加大,"一考定终身"变成了"每考定终身"。占玲玲是对上海英语"一年两考"提出质疑最多的学者。她发现,由于高考冲刺时间的提前,学生英语学习的时间反而增多了,而课堂上仍然大量出现教学模式单一、填鸭式灌输语言基础知识的现象。老师给学生布置了很多课后巩固练习及试卷,学生机械地刷题,但未能具备有效的英语学习方法和英语学习能力,不能达到预期的减负目标,因而高考英语的选拔功能不断弱化。

束定芳(2015)建议高考英语改革应当注重内容和方式两个方面,体现课程改革精神,一要改革评价方式,二要进一步深入考试题型和内容的改革。尽管学生学习英语的势头很猛,但培养出来的学生大多数是"只会做题的机器"。

3. "一年两考"对教与学的影响调查

本研究在参考了专家的研究文献后,选定部分具有一定代表性的高中学校、学生和教师,通过访谈、问卷调查以及课堂观摩等手段,探究制度给学校英语教学带来的变化,透视利弊,探析对策。

3.1 学生对"一年两考"的态度调查

本调查采用抽样的方式,目标学校分别为市示范学校一所,区示范学校一所,普通高中一所,调查对象全部为高三学生。调查手段为问卷、访谈、课堂教学观摩等形式。调查结果的呈现仅为数据公布。

3.1.1 学生对待"一年两考"的态度与实际参与度的调查

本调查共访谈了三所学校的118人,主要内容为"一考之后是否会参加第二次考试"。受访学生基本均表示"第一次考试的成绩较为满意(不是满分)的话,不会参加第二次"。而根据上海教育考试院在高考评价会上公布的数据,学生的态度和实际参加两次考试的人数有着巨大差异。

表1 "一年两考"态度调查

受访总人数	118	两考占比
继续考	51	43%
不继续考	67	57%

表2 上海教育考试院官方参考人数(次)

考试时间	人(次)	考试时间	人(次)	两考占比
2019年1月	44 588	2019年6月	39 279	88%
2018年1月	44 636	2018年6月	38 866	87%
2017年1月	45 180	2017年6月	38 915	86%

正如上海市某区教研员孟老师所说,由于不能保证两次考试的试卷难度是等值的,事实上,几乎所有学生都抱着两次考试都参加的心态。

在接受访谈的学生中,几乎人人表示,虽然压力大了些,但还是非常欢迎"一年两考"的政策,毕竟多了一次提升成绩、增强信心的机会。

3.1.2 学生英语学习时长与焦虑度的调查

"一年两考",即在原先6月进行的高考前,于1月增加一次考试。从上海教育考试院提供的数据(表2)看,几乎所有的考生都参加了1月的考试。也就是说,高考提前半年就开始了。此外,现在"3+3"的高考模式也间接导致很多学校和学生非常看重1月的考试,甚至有的学校会动员学生全力以赴应对"一考",以便把后面的时间留给其他学科。对此,学校和学生的复习迎考策略也必须做出了适当改变。

由于高考内容的变化,如口试项目的增设,学生在英语学习上所花的时间也明显增加。在接受访谈的118位学生中,112位学生表示英语学习时长肯定有所增加,并伴随着强烈的焦虑感:一旦"一考"不理想,必定会影响后面6月的全部考试。只有6位学生说没有太多变化,而这6位学生均来自市示范高中。

访谈中,一位学生说:

"由于学校非常重视第一次考试,也就是1月的考试,所以在课时安排上做了较大的调整。有些科目,如物理等就减少了课时,增加了很多英语课时。如果不算考试,如周测、月考之类的话,我们每周会有12节正课,比高一、高二时多多了。毕竟,1月的英语考试太重要了。人人都在拼'一考'(英语)。"

另一位学生说:

"课外时间,比如中午,我们还得去机房(语音室)练习口语,每周至少会有两个中午上机操练,老师盯得紧。所以,我们就觉得每天的时间都花在了英语学习上。再说了,我们老师一直说,高考考得如何,关键就是看两次的英语成绩。如果两次(成绩)都不理想,基本就很绝望了。"

还有学生说:

"现在英语考的项目很多,而且也很难,有些东西我们在高一、高二的时候都没怎么练过,比如概要写作。所以我现在就得在课下去写 summary,我每周至少写一篇。那必须冲1月考试啊。好像英语高考就是1月啊。"

3.1.3 学生学习方法和内容变化的调查

受访的高中学生表示,他们从高三开始学校就不再使用教材了,"兴趣"现在离他们似乎也很远,练习—讲解(刷题)成为课堂教学的主要模式。学生课上抓紧时间做笔记,来不及提问和思考。他们也会根据教师的提醒和要求改变一些英语学习方法,更加注重考试技巧的获得。

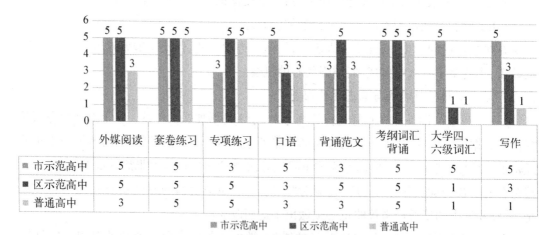

图1 学生重视的项目

如图1所示,市、区示范高中和普通高中的学生,会花相当多的时间和精力做大量的试卷(如模拟卷),也就是人们常说的"刷题",在阅读方面的训练也惊人地相似,而在词汇和写作学习方面则有着明显的差异。这也表明不同类型的学校在教学内容和要求上有着极大的不同,或许这也是英语成绩差异的根本原因之一。

3.2 教师对"一年两考"的态度调查

接受访谈和课堂教学观摩的高三教师均来自市示范高中、区示范高中和普通高中,共26名。在调研时,除了与老师们谈话交流,笔者还专门观摩了他们的课堂教学,仔细记录了上课的重点内容。

3.2.1 高三英语教师课堂教学内容的变化

半数以上的受访教师均表示欢迎"一年两考"政策。他们认为此项政策减少了一考定终身带来的不利影响,给学生多一次取得理想成绩的机会。从某种意义上说,学生受到了一定的鼓励,对其起到了积极作用。

但是,高中英语教师群体就两次考试难度,以及两次阅卷标准的一致性,表达了极大的关注。教龄长的教师对此表现得更为担忧。此调查结果与清华大学张浩等(2018)得出的调查结果基本相同。

3.2.2 高三英语教师课堂教学方式的变化

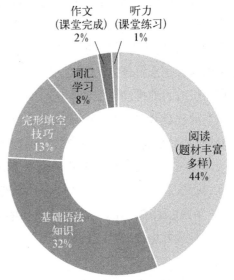

图 2　高三英语教师课堂教学的主要内容

在关于高三英语课堂教学方式变化的调查中,较为资深的教师自称会很自觉地根据高考的要求改变教学策略和授课方式,他们会非常有心地去比较每年的试卷、研究命题者的意图。现在由于是题库出题,真题也很难见到,但是社会上还是会出现许多高考题目的回忆版,对于他们来说,这些都是非常宝贵的资料。

受访的26位教师一致认为,考试次数的增加、考试时间的提前,以及考试题型的变化,使得教师们不得不压缩教学时间,这对他们来说是不小的压力。当被问到"解题技巧和语言能力能否并重的时候",几乎所有教师在肯定语言能力重要的同时,表示会首先考虑教会学生如何答题。这与高考前(如高一、高二)语言教学中的课堂活动大不一样。

由此可见,"一年两考"政策的实施,给学校一线的英语教学带来了显著的变化。应试的比重更加凸出,对真正的语言教学提出了挑战。

表 3　高三教师课堂教学方式

	经　常	偶　尔	很　少
讲解阅读时介绍文化背景	6人	6人	14人
解题技巧和语言能力并重	5人	5人	16人
上课师生互动	7人	11人	8人
补充开放性问题	5人	5人	16人

4. 利弊透析与对策思考

4.1 利弊透析

教育部已经明确表示英语考试将逐步实现"一年多考并社会化"的考试制度,现在的"一年两考"实则是过渡和实验。据王蔷教授(2014)分析,社会化考试将大大降低集中高考的压力,因为考试时间分散了,社会、家庭、学校等对英语高考的关注度就会相应降低,从而减轻了来自各方的压力,让一场考试回归到它本来的意义上。同时,考试政策的改变也将极有力地推动语言教学策略的转变,学校、教育管理部门、研究机构、社会资源等都应该在课程设置、教学方法、师资匹配等方面进一步积极探索研究。学校和教师有了更大的办学空间,给高中实现分层教学、课程多样化带来了极大的可能,这有利于外语学习新型生态系统的形成。正如笔者的调查显示的那样,很多师生对"一年两(多)考"持乐观态度,称其改变了"一考定终身"的尴尬,学生可以实现通过努力再次取得良好成绩的愿望。"一年两(多)考"给了学生更多成功的机会,这有利于成绩优秀的学生把时间投入到自己的兴趣爱好中,探究自己擅长的科目和课程,最大化地挖掘其潜能,实现其抱负,减少高风险考试带来的社会问题。

现行的上海英语高考改革突出了考试注重考核的内容,即语言组织能力(organizational competence)和语用能力(pragmatic competence),回归了语言学习的本质。比如概要写作(summary writing)的增设,由于这是"输入+输出"的复合型任务,也是大学学术活动的主要内容之一,从某种意义上说,实现了高中与大学教育的衔接,同时,也能引导应试外语教学向应用外语教育转型。由于听、说、读、写等语言技能均纳入了考试范围,既全面考察了学生的综合语言运用能力,也保证了英语考试的统一标准,为大学英语分层教学提供依据。

但是,就目前情况来看,"一年两(多)考"还是面临诸多问题和挑战。比如,考试技术落后于应试技术。笔者在调查中发现,为了追求一个更好的成绩,部分学生只关注以考试为目的的教学,或者额外付费参加校外应试机构的培训。"考试使命"催生出了更多的社会培训机构,盲目抬升了它们的社会地位,进一步刺激高中课程向应试教学倾斜,导致学校英语教学的无序和弱化。

此外,高中英语教材(课本)在文本容量、语言要求、知识背景、语言呈现等方面与高考试卷有较大差异,教材涉及的学科知识内容的广度和深度与高考试卷相比偏低,这与占玲玲(2018)的研究一致。于是,师生普遍感到英语教材与考试关系不大,这影响了教师课堂教学和钻研教材、教法的积极性。据笔者所知,上海个别高中干脆放弃了课本教学,实施题海战术,以考代教;或者基于错误的效率意识,超负荷地上课、补课,将增加上课时间与提高教学质量挂钩,从而严重影响了学生语言基本功和应用能力的发展,如此恶性循环,导致学生的能力和成绩均未获得提高。

4.2 对策思考

为了将其"弊"降到最低,高考在命题理念、测试、赋分技术等方面要多做科学探索,"怎么考"应该成为改革的首要探究问题。国家也应该制定相应的政策和措施,达到真正减负、促进公平的目的。

首先,建立如同美国的 ETS 那样具有专业性、权威性的测评机构,长期研究考试理论和实践,开发测试工具,探索计分方法,建立专人阅卷制度,使考试更加专业化,实现"考招分离"。

其次,基于上海的"一年两考"模式,建立信效度皆高的成熟题库,体现题库测量学上的优越性,即高质量、可预控、等值可比。题库的内容既要有考试范围的完整性,涵盖听、说、读、写、译等技能,又要从政治性、科学性、公平性和规范性多个角度鉴定题目能否入库。在题材、体裁上要扩大范围,并建立一定的分级制度,以针对不同测试目标,引导学生如何使用英语获取信息、处理信息、分析和解决问题。题库内容要与时俱进,定期优化。

其三,不断探究、尝试高考试卷新题型,强调语用价值,强调学生在语言学习中逻辑思维的培养,通过分析、归纳、推理、整合、评价等技能展现语言应用水平,否则学生思维萎缩,素质教育无从谈起。希望通过技术手段抵制学生在评价和测试过程中的"刷题"行为,坚决反对"考试代替教学"。

美国 SAT 考试的 Aptitude 强调考生"学术"研究潜力,英国 A-Level 考试注重学生独立思考以及逻辑推理的能力。相较之下,上海高考英语笔试部分的 140 分中,以客观题为主(即答题时选择 ABCD),占 90 分,主观题(翻译与写作)只占 50 分。虽然客观题的优点是评分客观、覆盖面广,但其仅限于考生对思维结果的再认上,忽略了求异思维的重要性。如果适当增加有效、灵活、具有较强实践意义的主观题型,就能较为全面地反映考生对英语的掌握程度。比如,变现在的单句翻译模式为语境翻译模式,即在短幅文本中依据上下文语境和已给的首单词(可以做适当变化),补全或翻译句子;或用读写结合的方式,用英语较为准确地描述事件和经历,表达观点和思想,凸显思维链的完整性和延续性。

其四,限制学生参加考试的次数,并明确规定在完成高中必修课程之后才可以申请。高中三年有两次考试机会,成绩取高并采用量表分(scaled score)计分方式,以确保分数的高度可比性,避免因一分之差而未能升学的遗憾,成绩两年有效。这样既可以提高学生参加考试的慎重态度,减少学生考后不再继续学习的现象出现,也可以避免学生因盲目报考而带来的麻烦和混乱,确保国家高中英语课程标准的有效实施,规避隐形的公平问题,遏制不科学的考试竞争所导致的价值判断和意义偏差及扭曲。当然,不同的高校或专业可以根据各自人才培养的需要对高中生的外语水平、能力、成绩有相应的要求,把选拔考试与资格考试结合起来,为不同的目的服务。

其五,学校教学应该在上级主管部门的指导之下,将教、学、考有机地结合起来,形成鲜明的体系化。在教学内容、教学模式和课程结构等方面提供具有个性化、有创新意识的学习平台,凸显多元智能发展,真正体现高考改革对学校课堂教学的反拨效应。

5. 结语

"一年两(多)考"的社会化考试改革,是一项国家选拔人才制度的公共政策。高考,作为教育事业的重要构成内容,其改革节奏和步骤既需科学还得谨慎,既要有利于学生的健康发展,更要体现政府的价值导向。"减负增效"是外语高考改革的价值选择,有没有真正考出"综合语言应用能力",有没有保证测试结果的信度和效度统一,直接关乎社会公平的维护。我们要实事求是地分析高考改革的利与弊,积极研究对策和方案,才能实现改革带来的"利",否则有可能会把英语课程改革所取得的成果带入尴尬之地。

参考文献:

1. 陈洁倩,2005,从语言知识测试到语言能力测试——上海市英语高考二十年回顾与展望[J],《中小学英语教学与研究》(2)。
2. 刘庆思,2008,改革开放三十年来我国高考英语科目的发展情况[J],《课程 教材 教法》(4)。
3. 潘鸣威,2016,以理论为纲,以效度为本,打造全面测量交际语言能力的高考英语[J],《外语测试与教学》(4)。
4. 束定芳,2015,外语高考改革新攻略[J],《新疆师范大学学报(哲学社会科学版)》(1)。
5. 王卉、周序,2017,对高考英语"一年两考"的反思[J],《博览与叙事》(1)。
6. 王蔷,2014,英语社会化考试的利弊分析与思考[J],《外国语》(1)。
7. 姚桂招、郭晨艳,2018,国内"走班制"对高考英语"一年两考"改革的教学启示[J],《文教资料》(25)。
8. 于涵,2019,新时代的高考定位与内容改革实施路径[J],《中国考试》(1)。
9. 占玲玲,2018,上海高考英语"一年两考"制研究[D]。
10. 张浩、张文霞、吴莎、郭茜,2018,高考英语一年两考改革的态度调查[J],《中国考试》(1)。
11. 郑方贤、徐雯,2009,新高考推动上海英语教育发展[J],《中国考试》(9)。

作者简介: 耿鋆,男,复旦大学附属中学高级教师,大学讲师,研究方向:学术英语教学和测试评估。电子邮箱: aegeng@126.com。

大学英语文化网课制作及使用的行动研究*

哈尔滨师范大学　高　蕊

摘要：本文报告了英语文化课中网课制作及线上线下混合式教学的行动研究。该课程为大学本科非英语专业二年级实验班开设，旨在努力达成该课程的三个教学目标，即语言技能目标、文化知识目标和思辨能力目标，探索更好的教学方式。该课程经历了 5 个循环的行动研究（2014—2019 年），制作的网课及线上线下混合式教学质量得到了提高。实践证明，行动研究是提高网课混合式教学效果的有效途径。

关键词：英语文化；线上线下；行动研究

1. 引言

在"互联网+"的背景下，国内高校不仅加入了国外的慕课平台，还创建了自己的慕课网站，如教育部组建的中国大学 MOOC 平台、清华大学的学堂在线、网络平台的百度传课和 MOOC 学院等。

与此同时，许多全国性的教学比赛也不断推陈出新。教育部全国高校教师网络培训中心于 2014 年至 2019 年连续举办了六届微课大赛；外研社的"教学之星"比赛从 2013 年的微课大赛转变为如今的智慧教学比赛，从课堂设计转向课堂效果。这些教学比赛使更多的教师有机会参与到微课制作和线上线下混合式课堂的应用中来。笔者也得益于这些比赛及相关培训。本文报告了笔者持续几年在英语文化主题网课制作及课程教学活动中开展行动研究的过程和思考。

2. 英语文化主题课程概况

哈尔滨师范大学公共英语教研部自 2013 年起进行分级教学改革实践活动，包括为大二非英语专业的实验班同学开设英语文化课程必修课。该课程初命名为"英语国家文化概况"，运行三轮后由于网课上线运行，线下课时减半，从而更名为"英国历史与文化"。

---

* 本文是黑龙江省高等教育教学项目"大学英语文化类课程混合式教学模式研究"（项目批号：SJGY20190344）、哈尔滨师范大学研究生培养质量提升工程项目"基于雨课堂的研究生英语混合式教学模式研究与实践"的阶段性成果。

包括笔者在内的三位教师共同建设该课程。同时,2013年到2015年间,笔者使用同样内容,不同授课重点的方式,还开设了"英语国家风土人情"和"英语国家趣谈"两门选修课。经过几年的探索,"英国历史与文化"的内容、架构、教学方法已基本成型。

表1是课程简介,描述了2014年到2017年间三轮课程的运行情况,包括教学目标、教学内容、教学时数、教学方法和评估手段。该课程有2个学分,72学时,采用合作学习法。课前把学生分成4—6人的小组,轮流按指定话题收集、整理资料,在课堂上使用多媒体辅助做口头报告。每次课的两课时中,教师与学生各用1课时。该课程的成绩由口头报告(20%)、平时作业(10%)、课堂参与(10%)和课程论文(60%)组成。

表1 英语国家文化概况课程简介

教学目标	教学内容	教学时数	教学方法	评估手段
1. 通过学习使学生了解主要英语国家社会与文化 2. 在学习过程中提升学生的语言应用能力 3. 培养学生批判性思维的能力	英语国家的地理、历史、教育、文学、宗教和建筑等文化相关方面	4课时×18周	采用分组合作学习法,每组4—6人做报告。一半时间由学生讲解指定话题,收集、整理资料,做成ppt,一半时间由教师讲解、补充或组织讨论。	口头报告20% 平时作业10% 课堂参与10% 课程论文60%

授课内容以谢福之主编的《英语国家文化概况》为基础,注重学生的参与度,口头报告的内容和形式都有相应要求:口头报告会提前安排,内容是当堂课的子话题或扩展话题,还要求学生制作幻灯片在规定时间内进行辅助表述。课堂上,全班同学听口头报告,教师点评并参与讨论。表2是口头报告的主要内容:

表2 口头报告主要内容

章 节	课 程 内 容	学生口头报告内容
第一章	英国地理	城市风土人情
第二章	英国语言变迁	1. 拉丁语 2.《圣经》 3. 莎士比亚
第三章	英国历史	经典事件及人物介绍
第四章	英国教育	1. 留学手续 2. 留学利弊
第五章	英国文学	英国经典小说作家及作品
第六章	美国地理	城市风土人情
第七章	美国历史	经典事件及人物介绍
第八章	美国法律	留学生的法律文化休克

(续表)

章节	课程内容	学生口头报告内容
第九章	美国政府	模拟大选,比较美国与英国政治体制的异同
第十章	现代美国	1. 婚姻观 2. 可口可乐 3. 流行音乐
第十一章	苏格兰	1. 苏格兰大事件 2. 风笛文化 3. 苏格兰裙
第十二章	爱尔兰	1. 爱尔兰大事件 2. 酒文化 3. 爱尔兰诗人
第十三章	威尔士	威尔士传说
第十四章	澳大利亚	历史及首都介绍
第十五章	加拿大	历史及首都介绍

从表2可以看出,该课程涉及文化的各方面,时间跨度从历史到现代,以英语为工具,拓宽学生的视野,使其理解西方价值观,增加跨文化交流能力,用辩证的思维认识世界。这些西方文化课题是教学重点,也是文化课程有趣的话题,有很强的迁移性,可用于理解西方影视文学作品及当今发生的新闻事件。

为了改进教学,笔者在教学活动中留心观察,课后与学生交流,收集课程录像、学生反思日志和同行评课意见。教授过程中,随时总结反思,调整课程进度和话题内容。

3. 2015—2017年微课、网课制作实践行动研究

3.1 反思与研究

为了改进教学,在观摩"教学之星"比赛,参与微课与翻转课堂的培训后,笔者改变了之前只用ppt平面图片讲解地理知识的方法,与团队成员合作,使用CamtasiaStudio软件进行录屏,参考了CGPGrey.com/blog/的视频,制作英国地理的微课,视频时长3分12秒。

借助微课视频,笔者能较清晰、动态地向学生展示英国地理状况及其与几个联邦国家的关系。笔者使用此视频参与了本单位的教学比赛。虽然比赛时事先声明视频是教师自己制作,但由于只闻其声,未见其人,以及现场效果等原因,大部分老师和学生以为该视频是网络资料,只是与课程内容衔接得很好而已,并未在当时引起关注。

在吸取第一个视频的经验后,笔者制作了第二个视频——盖伊·福克斯节。视频时长9分钟,内容包括火药阴谋案的起因、经过、结果,以及节日的庆祝方式,并使用一段2分钟的英剧《糟糕历史》作为对事件的总结与回顾。笔者在公开课上提问相关语言词汇,与学生讨论、对比中西方刺杀君主的理由和后果等问题。该微课参与了第二届全国高校微课教学大赛,专家在评审意见中提出,自制视频中的两分钟短剧时间较长。但在实际使用中,学生观看积极性高,因为该片段戏剧性强,比单一讲解更精彩,更能让人记住情节。反而9分钟的视频时间较长,学生很难抓住知识要点。

笔者于 2016 年制作了第三个微课,从英国传统的地方性节日"滚奶酪节"引入,由真实的节日比赛视频引导学生思考西方对于具有一定危险性活动的热情,分类别列举了相关极限运动,带领学生学习基础词汇,并在翻转课堂公开课中提问相关语言词汇,讨论中西方对极限运动参与度不同的原因。该微课加强了之前缺少的语言词汇环节,并进行课堂思辨讨论,把文化观点融入课堂,受到了同行教师的良好评价。

三次把微课融入课堂的形式都通过公开课展示,经过访谈评委、同行反馈和开放性问卷调查学生意见,笔者发现了制作和使用微课教学中需要注意的三个方面:1. 对于微课是否是自己老师制作,学生的学习兴趣明显不同;2. 若微课时长超过 5 分钟,学生便很难记住所有信息,不易抓住重点,对具体知识点的记忆减弱;3. 学生喜欢新奇的、情节化的、故事化的视频。学生的参与度会根据视频的趣味性而增强或减弱,学习效果参差不齐。

3.2 行动与改革

在三个微课制作的基础之上,2017 年,笔者团队申请到校级精品课项目,录制网课"英伦历史与文化拾遗",并于 2018 年春季学期上线运行。在网课的制作中,特别针对上述 3 个方面,笔者制定了相应的行动方案。

针对是否是教师亲自制作网课的问题,其对策是分屏显示。视频中屏幕左侧显示知识点,右侧让教师出镜,教师的肢体语言能帮助学生理解,并加上学校及网站水印。在翻转课堂使用中,当学生意识到这是老师自己制作的视频,而非网络资源时,其注意力会更集中。教师以身作则使用信息化的教学方式,学生反馈"更愿意去实践新的信息技术"。

时长的行动调整相对简单。视频时长控制在 5 分钟内,长视频按知识点拆分成短视频,避免学生因为时间过长而记不住内容。这要求教师在课程设计时更加突出重点。

针对学生喜欢趣味性视频的问题,其对策是在教学内容选择上遵循有用、有趣、有品的原则。有用是指所讲内容的选择,并不是以"全"为标准,而是以"与现在的联系"为标准,即在现实生活中有这种文化现象,挖掘该现象的文化根源;有趣是在有用的原则下,选材兼顾趣味性,选择一些有特色的历史事件吸引学生注意,以影视剧片段辅助教学,帮助学生理解;有品是指通过问题的设置,让学生在理解的基础上品味其中的文化内涵。比如讲解维多利亚时代的内容时,着重介绍下午茶的礼仪,从细节品味那个时代留给我们的文化遗产。在网课讲解时,对事件的构思更加精巧,重点更加突出。如果视频的制作只是平铺直叙地说明事件的起因、经过、结果,那就失去它的优势了。

"微课不微"是因为视频包含了精巧的构思,可以设计出让人印象深刻的情节。任何一种文化都是历史沉淀的结果,"英伦历史与文化拾遗"以英国历史发展脉络为框架,讲述在每个历史时期发生的重大事件,以及在其他英国文化类书籍中不太涉及的小细节。

只有把一系列勾画历史经纬的"大事件"和余温尚存的"小细节"还原到特定的历史时空中,才能更好理解英伦文化的前生和今世,更好体会其文化之魅力。

4. 2018—2019网课线上线下教学行动研究

4.1 反思与研究

笔者团队在设计网课时,除了要考虑之前行动中遇到的问题,还需要区分哪些内容在网课上讲,哪些内容在线下课堂上讲。团队核心成员之一是博导教授,理论知识过硬,在建课构思时精心设计了一番。

网课内容分两条线索:一是按时间线索,将英国的王朝分成四个时期——古代英国、封建英国、革命时期英国和现代英国;二是按民族线索,即其民族的形成过程。表3描述了网课的教学目标、教学内容、教学时数、选材原则和评估手段。

表3 网络课程简介

教 学 目 标	教 学 内 容	教学时数	选材原则	评估手段
1. 通过学习使学生了解英国社会与文化 2. 在学习过程中提升学生的语言应用能力 3. 培养学生批判性思维的能力	1. 导学:课程介绍 2. 古代英国 3. 封建英国 4. 革命时期英国 5. 现代英国	900分钟,视频课折合36学时	有用 有趣 有品	28学时在线课程+8学时面授课程 期末测试:60% 面授课:20% 章节测试:10% 论坛成绩:5% 进度:5%

每章第一节主要讲解该王朝的历史演进,辅助用族谱(family-tree)介绍王朝知名的君主及大事件,王朝的开端与结尾会讲与其前后王朝的关系。选取该王朝中的事件,展开细节,单独讲解。部分章节的讲解采用动画、音效和道具等形式,吸引学生注意。有选择地插入英剧《糟糕历史》及现代影视作品中学生熟悉和喜欢的片段,增加课程的趣味性。每个视频都讲述一个完整的故事,带领观众穿越时空,经历那些"大事件",体味那些"小细节"。这些相互独立又有内在联系的小视频具有微课的特点,所以,既适合学生自主学习,又适合教师作为翻转课堂的教学材料。

自网课录制完成并上线使用起,该课程的设置发生了重大转变,变为线上线下混合式教学。线上课程900分钟,36学时,2学分;线下课程更名为"英国历史与文化",36学时,2学分。由于课堂授课课时减半,经团队教师商议后,缩紧课程内容范围,只集中讲授英国,而不是之前的主要英语国家。英国历史的基本知识在网课视频中详细讲述,在实际授课中采用翻转课堂的形式。该课程以"产出导向法"和"任务型教学法"为指导,充分利用信息技术给语言教学带来的便利,利用精品在线开放课程等数字学习资源,通过翻转课堂实现课堂教学、自主学习、合作学习的深度融合。教学结构分为课前、课中和课后三部分,各有侧重,又相互联系,重构课堂教学结构。

课前:学生利用网络课程微视频、推荐教学材料进行自主学习与合作学习,完成特定学习任务,掌握英国历史文化知识,同时,提高学生的阅读能力和听力水平。

课中:教师设计相应的课堂活动,检测学生课前自主学习成效;基于课前学习内容,集中一、两个问题深入研究,增加相关内容的思考问题,激发学生之间的讨论,组织汇报、总结、辩论等口头语言输出活动,训练学生的口语能力和思辨能力。

课后:教师设计综合性任务,学生整合课前所学知识、课上讨论内容和课后的延展性学习,视任务复杂程度独立或者以小组合作形式完成笔头作业,锻炼学生整合利用知识和信息能力、思辨能力及英文写作能力。

在扎实理论的引导下,笔者吸取了之前网课相关的内容、时长和设计等经验。网课上线后学生反馈良好,选课人数逐年增加,最初只有几百人,三轮运行后达到2.5万人。由此,笔者感到学生学习文化知识的积极性是高涨的,网课的用心设计、控制时长、突出重点是有效果的。在学生看了线上视频课程后,线下课堂如何设计是接下来行动实践的重点。混合式教学线下课时分配见表4:

表4 混合式教学线下课时分配

章节	教 学 内 容	学时分配		小 计
		讲授	实验/实践	
1	Chapter 1 Geography, People and Language	2		2
2	Chapter 2 Ancient England	4		4
3	Chapter 3 House of Normandy	4		4
4	Chapter 4 House of Plantagenet	4		4
5	Chapter 5 House of Lancaster/York	2		2
6	Chapter 6 House of Tudor	4		4
7	Chapter 7 House of Stuart	4		4
8	Chapter 8 House of Hannover	4		4
9	Chapter 9 House of Windsor	4		4
10	Chapter 10 Scotland, Ireland and Wales	4		4
	合 计	36		36

教学改革要"以学生为中心""以学生学习为中心",鼓励学生全过程、全要素参与教学决策和教学实施。于是笔者在学期初就进行了学情调查,了解学生的专业方向、学习动机和学习程度。

笔者在课前驱动、课上促成、课后评价三个教学环节进行翻转课堂教学,促进课程教学目标的实现,提升课程和教育质量。表5以苏格兰文化象征为例,介绍如何借助在线开放课程实施翻转课堂,构建混合式教学模式。

表5 教学实例

教学阶段	教学内容	锻炼技能
课前驱动	学生独自完成《英伦历史与文化拾遗》在线开放课程中第十章10.2—10.7的内容	听力技能、自主学习能力
课上促成	1. 以小组为单位汇报课前自主学习内容,即学生结合课前自主学习内容在组内进行口头汇报,用自己的语言展示苏格兰文化的象征; 2. 教师就课前视频提出问题,检验学生课前学习效果,并帮助学生解决在课前驱动中遇到的问题; 3. 针对老师提出的内容进行讨论,如苏格兰人的裙子文化:男人和裙子。	语言表达能力、小组协作能力和批判性思维能力
课后评价	根据课前学习及课上讨论整合碎片内容,并以写作的形式输出,如讨论苏格兰的典型文化符号:威士忌	写作技能、批判性思维能力和自主学习能力

在学习"封建英国"部分后,让学生上交反思日志,梳理所学到的知识。通过实际课堂教学的感受和学生的反思日志,教师认识到了线下教学中存在的问题:1. 翻转课堂中学生课前网课视频学习的效果不佳,记不住知识点;2. 课上讨论不深入,仍以教师讲解为主;3. 输出时语音和语法错误较多,不能一味地追求批判性思维而忽略语言基础。

4.2 行动与改革

课前学生能按时看网课,但是课上提问检查学习成果时,效果不尽理想。经过团队商议,在课前驱动布置视频任务的同时,提出三个问题,让学生看视频能有的放矢,带着问题去学习。在设计了这个细节后,课上提问检查学习效果时,学生的回答有明显改善,有时甚至给出更好的、超越网课内容的答案。针对一些知识点的记忆,教师组织竞赛,并准备一些小奖品,极大地调动了学生记忆知识点的积极性。

针对课上学生讨论不深入的问题,教师安排学生以小组为单位进行合作学习,每次下课前10分钟抛出下一节课的讨论话题,让学生组内进行头脑风暴,讨论各种可能性,课后厘清思路制作ppt,在下节课上展示。安排头脑风暴的时间不长,通常不够把该问题的各方面讨论清楚,但能让小组成员真正聚在一起商议,体会到同伴学习的乐趣,从而改变了小组ppt只由一两个积极参与的学生负责的情况,部分学生会在课后自发地延续之前的讨论。

课后评价阶段,从学生写的论文中,笔者感到他们的语言基础知识掌握不牢固,主要体现在单词的拼写和语法的运用上。大学英语四级作文要求500字,而课程学期论文要求英语2 000字以上。学生在写作输出上,能做到观点明确,但具体表达则出现了较大问题。其中一位学生的英文表达较之前有明显进步,笔者了解后得知该学期她还同时选修了另一门文化翻译课程,该课程有较多的翻译技巧实践活动,使她英语输出显著优于同班同学。这使得教师意识到不能完全忽视传统的翻译实践和语言基础知识的巩固,不能一味追求批判性思维和西方价值观的建立。第二年的教学中,笔者在每节课中都增加了强化英语语言本身的部分,并增加了期中的写作输出,批改后将存在的问题反馈给学生问题,改变了之前直到期末论文才发现问题的情况。

5. 结语

回顾笔者五年来的教学成长过程,对微课和网课制作的认识变化经历了从重视形式到重视内容的不同阶段,而思考的主线一直是实现课堂教学目标,提高教学质量。通过实践发现,即使课前做了周密的教学计划,课堂实践也会千差万别。经过对课堂实践的不断反思,笔者围绕教学目标实现课程设计,从微课的选材到整段的构思,课堂的每一分钟都能反映出确定、明晰的教学目标,因此课堂活动不再离散低效,而是环环相扣,重点分明。学生在使用微课时,其体验反馈也从最初各种天马行空的意见,变成后期的一致好评,其学习微课的专注度和效果有了很大的提高。该课程还注重形成性评估,学期结束时,学生们认为这门课拓宽了他们的文化视野,提高了他们的思辨能力,也促进了他们对文化认识的表达。结课后,学生与教师的交流也时有发生,如看到了某些文化现象,想到了哪些与课程相关的点子,甚至是毕业后的去向,都愿意同教师交流。

虽然笔者通过行动研究和团队的集体思考,对教学理念的思考经历了几个层次的提升,然而,思考的深度有限,经验的积累也刚开始。在未来的教学中,我们仍需不断努力,使教学实践始终围绕教学的根本目标展开,从而提升教学效果。

参考文献:
1. 王蔷、张虹,2014,英语教师行动研究[M],外语教学与研究出版社。
2. 文秋芳,2012,提高"文献阅读与评价"课程质量的行动研究[J],《中国外语教育》(2)。
3. 修晨,2011,新手教师关于认识课堂教学目标的行动研究[J],《中国外语教育》(2)。
4. 叶如帆,2011,从追求新奇到回归基础训练——对大学英语精读课堂教学的行动研究[J],《中国外语教育》(2)。
5. 张东英,2011,关于口头报告教学的行动研究[J],《中国外语教育》(2)。

作者简介: 高蕊,女,哈尔滨师范大学公共英语教研部讲师,研究方向:英语教学,外国语言学,应用语言学。电子邮箱:amy1517@hotmail.com

基于"优慕课"的综合英语混合式教学研究

郑州升达经贸管理学院外国语学院 张艳波

摘要：本研究结合量化和质化研究方法，通过实验、问卷和访谈探讨了混合式教学模式在英语专业综合英语课程中的应用。研究发现，混合式教学模式能促进学生的英语学习，多数学生对此教学模式持肯定和支持的态度。笔者对研究中发现的问题进行了反思，并提出了一些改进措施，以期优化混合式教学模式在综合英语中的应用，进一步提高学生的学习成效。

关键词：优慕课；混合式教学；综合英语

1. 引言

20世纪90年代之前，我国外语教学以传统教学模式为主，即老师"教"，学生"学"。在这种模式下，老师是课堂的主导，学生只是被动接受知识，学习积极性不高，创造力不强。20世纪80年代，计算机辅助教学开始被引入外语教学，但是并没有从根本上改变这种"填鸭式"的教学模式。后来，数字化教学顺势而生，主要强调个性化学习。虽然这种模式有利于提高学生的积极性，但无法监管学生知识体系的系统性，因此，也称不上成功的教学模式。经过不断尝试，教育者发现如果将传统教学模式和数字化教学模式结合起来应该会让二者优势互补。这两种模式的结合就是混合式教学模式的雏形。

国内首次正式倡导混合式教学概念的是北师大的何克抗教授（2004）。他指出，混合式教学模式将传统课堂教学和在线教学有机结合，既能发挥教师的主导作用，又能充分体现学生的主体作用，从而提高学生的主动性、积极性和创造性。这种教学模式将传统教学手段与信息技术手段相融合，并且引入互联网、音频、视频、图形、动画等多种多媒体技术；在教学评价上，将过程性评价和结果性评价相结合，使评价更客观、更有效。因此，混合式教学模式不仅是教学方法的混合，还是教学形式、教学环境、教学资源及教学评价方式的多元化。在互联网信息技术与教育深度融合的背景下，在线开放课程和学习平台在世界范围内迅速兴起，翻转课堂、MOOCs、SPOC等网络教学与传统教学相结合的混合式教学

---

* 基金项目：郑州升达经贸管理学院教育教学改革项目"建构主义理论指导下《综合英语》教学改革探索与实践"，项目编号：SDJG-2018-YB03。

成为教育教学改革新的着力点。2018年4月,教育部出台了《教育信息化2.0行动计划》,提出"坚持信息技术与教育教学深度融合的核心理念",引入"平台+教育"的服务模式,进一步推进了借助信息技术实现以学习者为中心的教育目标。

2. 混合式教学的相关研究

很多学者对英语混合式教学模式进行了研究。如汪清等(2018)、高西(2017)、黄敏(2016)等研究了混合式教学在大学英语课程中的运用;马晓燕(2017)、胡存华(2016)等学者研究了混合式教学在高职英语课程中的运用;过巧、林琼(2017)和柴畅(2017)分别研究了混合式教学在英语视听说和英语写作课程中的运用;闻琴华(2018)研究了"产出导向"的专业英语混合式教学改革;丰海利(2018)研究了基于微课和手机应用程序的综合英语混合式教学模式;殷鸯(2018)研究了英语混合式教学模式的重构;黎闯进(2018)研究了基于朗文交互英语学习平台的混合式教学;谢玉(2010)研究了网络环境下的综合英语混合式教学。此外,张其亮、王爱春(2014)研究了基于"翻转课堂"的新型混合式教学模式。这些研究多围绕混合式教学模式的构建,采用质化研究,对实施过程中存在的问题涉及较少。因此,笔者利用"优慕课"网络教学平台,将质化和量化研究方法相结合,阐述混合式教学的实施过程,分析其应用效果。

3. "优慕课"综合英语混合式教学模式的实施

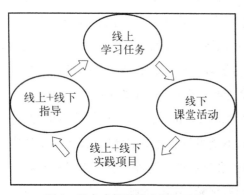

图1 混合式教学模式四个环节

"优慕课"是我校引进的在线教育综合平台,由清华大学教育技术研究所研发,形成了课程、教师、学生、使用和评价并重的架构。混合式教学由"线上学习任务""线下课堂活动""线上+线下实践项目"和"线上+线下指导"四个环节组成(见图1),使线上和线下教学融为一体。根据此设计理念,笔者借鉴丰海利老师(2018)的混合式教学模式,设计了本课程基于"优慕课"的混合式教学模式(见图2)。

3.1 研究问题

学生对混合式教学模式的态度如何?此教学模式是否有效?

3.2 研究对象

笔者从所在学校选取了2个高考成绩无显著差异的班级,1班作为对照班,沿用传统讲授式教学模式;2班作为实验班,构建并实施混合式教学模式。

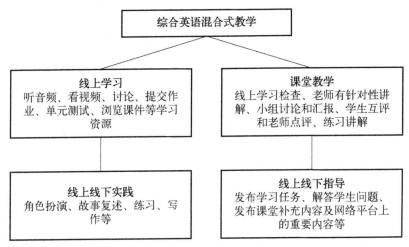

图 2 综合英语混合式教学模式

3.3 研究方法和研究工具

采用实验研究法,对两个班采用不同的教学模式,对期末考试成绩进行 T 检验;通过调查问卷和访谈调查实验班学生对混合式教学的反馈。调查问卷问题参照了汪清等老师(2018)的问题,包括网络平台学习资源和学生利用平台自主学习的情况、线下课堂的教学情况以及学生对混合式教学的整体评价三个方面,共计 23 题。问卷的 Cronbach's α 系数为 0.812,信度较高。

3.4 具体实施

笔者在学期初向学生介绍了混合式教学的教学理念和本课程进行混合式教学的设想,指导学生下载并安装了"优慕课"手机应用程序,带领其熟悉平台的操作步骤,每一板块的内容、目的和注意事项,使其初步理解混合式教学的实施过程。

混合式教学包括"线上自主学习""线下课堂教学""线上线下教学实践"和"线上线下指导"。线上学习以学生自主学习为主,教师在"优慕课"教学平台或 QQ 群里发布学习任务,学生就可以通过手机登录查看并完成。这些任务一般包括:听教材配套的词汇及课文音频,掌握词汇的发音、课文大意等;看相关的视频并完成对应的问题;在讨论区就预习过程中的疑点、难点、拓展话题等发帖或回帖;小组合作准备角色扮演、故事复述等活动;核对课后习题答案并记录自己无法解决的问题等。这些在线学习任务不受时空限制,而且最重要的是,学生可以提前检测出自己的弱项,为线下课堂教学做好了铺垫。教师可以在线上答疑、指导。线下课堂一周三次,每次 90 分钟。在这个环节中,教师主要扮演组织者和引导者的角色,而学生则是学习的主体。课堂上的任务主要包括:解答线上学生的疑问;点评、讲解、总结学生在线作业、测试等存在的问题;小组讨论和成果展示,如角色扮演、故事复述、辩论等。这些都是教师对学生线上学习任务完成效果的检测。除此之外,教师在课堂上要对单元重点进行点拨,引导学生挖掘单元主题,就课后练习中的难点进行答疑,强调线上的重要内容或补充教学内容。最后,教师还要对学生线上、线下的表现进行形成性评价和结果性评价。下面以第五单元 *The Nightingale and the Rose* 为例介绍混合式教学模式的具体实施。根据课程教学大纲和教学进度表,本单元的课堂(线下)授课时数为 10 课时,每次 2 课时,共计 5 次课;学生的线上学习为 2—3 个学时。为了便于理解,研究者按照每次课的顺序介绍混合式教学的开展过程。

第 一 次 课

课前阶段(线上):1. 教师在教学平台上发布单元导学的思维导图供学生预习,帮助学生明确本单元的学习目标和重、难点;2. 发布词汇音频供学生预习,并要求学生掌握词汇的读音和基本意思;3. 发布课文音频,让学生跟读课文以掌握词句正确的语音语调,并以小组为单位讨论文章大意和组织结构。

课堂阶段(线下):1. 教师简单展示单元导学,再次让学生明确本单元的学习目标;2. 提问单词的拼写和读音:教师通过说单词的英文解释或同义词,让学生说出单词并拼写,以此检验学生对单词的记忆程度及对单词发音的掌握。教师在这个过程中进行纠音训练,并针对出错比较多的单词,根据音节记忆法或词根词缀记忆法等向学生讲解,帮助其加强单词记忆;3. 教师随机抽查学生朗读课文,检查学生的语音语调并纠正。此外,抽查学生复述文章大意,就课文中的人物关系画简图。学生对同伴的复述和简图进行评价,指出其优缺点及改进措施,教师再进行点评和总结。

第 二 次 课

课前阶段(线上):1. 本课的体裁是英语童话故事,因此,教师在网络平台上传了课程团队录制的微课,介绍著名的英语童话作家、童话作品及在童话故事中运用的写作方法和修辞方法,让学生通过观看微课自主学习这些内容;2. 教师在本单元的讨论区发布了两个话题:一是让学生在学习微课的基础上,在课文中找出几种主要修辞方法的例子;二是让学生就本课的主旨 true love 跟帖发表自己的见解。

课堂阶段(线下):1. 通过问答的形式线上检查学生关于著名的童话作家和作品的学习情况,强调其中的要点以加深学生的掌握;2. 教师打开平台展示学生关于课文所用修辞方法例子的帖子,选出比较典型的错误(教师已经在平台上对帖子做了一一回复,用红色标记出有问题的部分)供学生讨论,让其找出错误的原因并修改。通过讨论,学生可以进一步理解这些修辞手法的概念及用法;3. 教师打开"优慕课"平台上关于文章主旨的讨论帖子,选出几条有代表性的帖子让学生从观点的合理性和语言两方面进行点评。

在此基础上,教师再进行补充点评。通过这个活动,一方面帮助学生树立了正确的爱情婚姻观,另一方面帮助学生夯实了语法和语言基本功,提高了其语言的综合运用能力。

第 三 次 课

课前阶段(线上):1. 教师在网络平台上发布本单元的电子课件,让学生自主学习后完成平台上的词汇测试(10道选择题,每道题10分,共计100分),批阅学生的测试;2. 线上发布学习任务,让学生在课本上标出理解有困难的词、句等,发布到平台上或学习群里,为课堂讨论和分析做好准备。

课堂阶段(线下):1. 教师打开"优慕课"平台向学生展示、解读测试的成绩,分析试卷,让学生了解测试的整体情况和自己在班级所处的位置。在此基础上,让学生讨论出错率较高的题目,分析错误原因,理解相关的知识点;2. 教师在"优慕课"平台上就学生认为的难点词、句做出反馈,太难的作为课堂讲解重点。针对难词,教师利用学生已有的知识引发其积极思考,从而帮助其掌握这些词的意思和用法;针对难句,教师通过分析句子结构并利用上下文帮助学生理解其含义。就某些句子或段落指导学生进行翻译或意译练习,以此提高其对知识的理解和运用能力。

第 四 次 课

课前阶段(线上):教师在平台上发布任务:学生分成6个小组,准备角色扮演,在课堂上展示。

课堂阶段(线下):学生按照分组,通过课前的准备,在课堂上轮流展示。每个小组表演完后,其他小组从该组的表演的效果、语言运用和小组协作的默契度三方面进行点评。6个小组全部汇报完毕后,教师再进行综合点评,由各小组投票选出表演最好的小组将获得额外奖励(为了激发学生的积极性,教师自费准备了文具、小点心等小礼物)。通过角色扮演,学生反复操练台词,加深了对课文的理解,并且实际运用了所学知识点,记忆更深刻。此外,角色扮演也增强了学生的团结协作能力和沟通能力,为学生以后的学习和工作奠定了基础。

第 五 次 课

课前阶段(线上):教师在"优慕课"平台上发布课后习题答案,供学生独立完成后核对。学生就有疑问的题目在线上发帖求助,其他同学回帖帮忙解答。

课堂阶段(线下):1. 对学生线上无法解决的问题进行答疑;2. 对每类题进行简要总结和点拨;3. 就学生疑问较多的完形填空部分,带领学生分析解题思路和技巧。线上线下的结合避免了传统处理练习时的满堂灌问题,省时高效。

4. 研究数据分析

调查问卷共计 23 个问题,包括三个方面:网络平台的学习资源和学生利用平台自主学习的情况、线下课堂的教学情况,以及学生对混合式教学的整体评价。第一个方面包括 14 道选择题和 1 道问答题;第二个方面包括 6 道选择题和 1 道问答题;第三个方面包括 1 道问答题。

问题 1—4:

1. 我认为网络平台上学习资源的数量充分。
2. 我认为网络平台上学习资源的难度适中。
3. 我认为网络平台上学习资源具有吸引力。
4. 我认为网络平台上学习资源的使用效果好。

问题 1—4 调查研究对象对网络平台上学习资源的看法。针对问题 1,66% 的学生选择了"非常同意"和"同意",这说明大部分学生认为平台提供的学习资源的数量还是比较充分的,但也有少部分学生提出可以多提供一些拓展资源。针对问题 2,74% 的学生认为,平台上的学习资源难度适中。针对问题 3,78% 的学生认为,学习资源能引起他们的兴趣,因此愿意去学习。针对问题 4,只有 56% 的学生认为他们能够有效地使用这些学习资源。根据这些问题的结果,笔者通过访谈部分学生了解到,他们认可网络学习资源,也愿意尝试,只是在学习过程中经常碰到网络不通畅的情况,尤其是看微课或者微视频的时候经常会卡,影响了观看的效果和效率,这直接影响了他们的学习兴趣。

问题 5—15:

5. 我对网络平台的使用熟悉。
6. 我认为网络平台使用便利。
7. 利用网络平台自主学习能够提高我的英语学习兴趣。
8. 网络平台可以使我有明确的学习目标和要求。
9. 我能主动利用网络平台学习。
10. 我能合理规划网络平台学习时间,确保学习效率。
11. 我能充分理解、吸收网络平台提供的学习内容。
12. 我在网络平台学习时,注意力能够集中。
13. 完成网络平台测试后,我会总结自己的错题。
14. 我会评价自己的网络平台学习效果,找出存在的问题和解决方法。
15. 将网络平台上的学习板块,如讨论区、课件等教学资料、在线测试、作业等按照喜欢的顺序依次写出。

问题 5—10 可以归纳为学生对网络平台的使用熟悉度、接受度和满意度。92% 的学生认为自己已经能够比较熟练地使用网络平台,只有8%的学生认为自己还是不太熟悉。72%的同学认为平台操作便利,方便其学习,但是有10%的学生认为平台不仅没有带来学习上的便利,反而增加了负担。笔者通过访谈了解到,大一学生有电脑的较少,对于需要在线提交字数比较多的作业时,手机编辑速度慢,浪费时间,而且也不像纸质作业那样直观。超过80%的学生认为,使用网络平台可以帮助其明确学习目标和要求,因为这些目标和要求在单元导学里,他们可以随时登录平台进行温习,这是传统课堂做不到的。多数学生认为平台的使用能够培养他们的自主学习能力,激发他们的学习兴趣,因为平台上的学习资源形式多样,他们可以利用碎片时间随时随地自主学习。79%的学生能够主动利用平台进行自主学习,69%的学生认为自己能够合理规划自主学习时间,保证学习效率。

问题11—14主要关于网络平台对学生学习的促进作用。75%的学生认为他们能够充分理解和吸收网络平台上的学习内容,但有12%的学生认为这些学习内容对他们而言有难度。通过对这些学生的访谈,笔者了解到,这些学生英语基础比较薄弱,高考成绩有的才80分左右,觉得平台上一些看视频回答问题之类的学习任务难度很大。85%的学生认为在网络平台上学习时能够集中注意力,但也有5%的学生认为使用手机学习时总会受到网页或网聊等的诱惑而注意力不集中。高达90%的学生会在平台测试之后总结自己的错题,因为测试主要以选择题为主,提交答案后马上就会看到自己的分数和正确答案,对于错的题就会急于弄清原因。只有半数学生会经常登录平台查看自己的发帖次数、在线学习时长、测试成绩等,分析平台学习的效果,以便调整学习计划,提高学习效率。

问题15是开放性的,调查学生对网络平台上学习板块的喜欢程度。根据学生对各个选项的选择频率,从最喜欢到最不喜欢的排序如下:课件、讲稿等教学资料——线上测试——单元导学——线上讨论——线上提交的作业。通过访谈得知,学生之所以喜欢课件、讲稿,是因为这些内容可以随时为其所用,非常便于其预习和复习;线上测试可以很直观地检测出学习效果,针对性更强,也深受学生喜爱;线上讨论学生比较喜欢,但因讨论话题而受欢迎程度不一样。比如,关于文章主旨的开放性讨论相对最受欢迎,而针对课文内容或课后练习的疑难点的回帖比较少;线上提交作业最不受欢迎,尤其是作文或其他篇幅较长的作业,因为在手机上编辑比较费时。

问题16—22:

16. 面授课堂上,老师经常组织各种形式的互动。
17. 面授课堂上,我积极参与和教师的互动。
18. 面授课堂上,我积极参与和同学的互动。
19. 面授课堂上和老师进行互动对我的英语学习有帮助。
20. 面授课堂上和同学进行互动对我的英语学习有帮助。

21. 与网络平台学习相结合的面授课堂效率比较高。

22. 将课堂上的活动,如小组讨论、分组展示、老师的讲解和点评、老师的补充和总结等按照喜欢的顺序依次写出。

这些问题的设计是为了调查学生对线下课堂的看法。85%的学生认为面授课堂上老师经常组织各种形式的互动,81%和78%的学生认为会积极参与和教师与同学的互动。相比较与同学的互动,学生更愿意参与跟教师的互动。通过访谈得知,学生认为在与老师的互动中,老师可以根据学生的反应一步一步引导他们,但在与同学的互动中,因为知识和能力的限制,互动的有效性会偏低。关于师生互动和生生互动的作用,多数学生的回答都是肯定的,但有8%的学生持否定态度。究其原因,因为课堂上的互动是基于平台上学习任务的完成度,这些学生因为没有在平台上做好功课,因此对课堂互动就显得无所适从。91%的学生认为,与平台自主学习相结合的面授课堂授课进度比较快,针对性比较强,因此效率比较高。

问题23:

23. 我对混合式教学的评价及建议。

这个问题调查学生对混合式教学的整体评价。83%的学生对混合式教学的态度是肯定的,他们的理由如下:网络平台资源与传统课堂相比比较丰富,形式多样,尤其是有音、视频等,方便他们自主学习;课堂上主要以教师答疑、小组讨论、小组展示等为主,针对性更强,学生在老师监控下实际运用语言的机会更多,更有利于他们对语言知识和技能的掌握。17%的学生对这种教学模式持否定态度,他们的理由如下:网络平台自主学习阶段需要网络,但wifi有时不稳定,又受手机流量的限制,他们不能总是随心所欲地使用网络;如果忘记平台的登录密码,找回比较麻烦,需要先告知任课教师再去联系网络管理员,中间有个时间差,耽误学习,影响他们的积极性;平台上的学习资源种类不是特别充足;因为自己基础差,课堂讨论对自己来说就是浪费时间,还不如背几个单词;课堂上老师主要对某些难点或出错较多的知识点进行讲解,对于基础弱的学生而言,老师的授课面显得比较窄,不利于他们的进步。

那么,混合式教学模式下学生的英语学习成效如何呢?笔者对两个班的期末考试成绩进行了独立样本T检验,结果如下:

表1 分组统计量

	学 号	N	均值	标准差	均值的标准误
英语测试	1.00	39	81.256 4	4.247 09	.680 08
	2.00	37	77.567 6	5.096 52	.837 86

表 2 独立样本检验

		方差方程的 Levene 检验		均值方程的 t 检验					差分的 95% 置信区间	
		F	sig.	t	df	sig.（双侧）	均值差值	标准误差值	下限	上限
英语测试	假设方差相等	1.234	.270	3.435	74	.001	3.688 84	1.073 95	.154 895	5.828 74
	假设方差不相等			3.418	70.196	.001	3.688 84	1.079 13	.153 669	5.840 99

如表 2 所示，sig 值为 0.001，小于 0.05。这表明，通过一学期的混合式教学，实验班和对照班的英语成绩存在显著差异，此教学模式对学生的英语学习有促进作用。

5. 总结与反思

混合式教学对学生的英语学习有积极的促进作用，符合其学习需求，得到了多数学生的认可。他们认为，这种教学模式将传统教学模式与网络平台相结合，提高了他们的自主学习能力，增加了他们综合应用所学知识的机会。此外，在这种教学模式下，学生摄入的知识更广、更深，与老师及同学的互动更多、更有意义。但是，混合式教学中也存在一些问题，如网络平台的资源建设和管理问题、学习基础较弱的学生难以适从的问题，以及评价机制问题等。笔者对此进行了反思，提出一些措施以进一步完善混合式教学。

5.1 优化网络环境，提高平台使用的便利性

混合式教学的顺利开展离不开网络的使用，但网络环境给部分学生造成了困扰，他们不想因此大大增加网络流量的费用。因此，学校现代教育技术中心要优化网络环境，确保学生在使用网络平台时不受阻碍，从而不挫伤其学习的积极性。此外，学生用手机登录找回密码的问题造成了其对平台的反感，因此，平台负责部门要简化登录程序，方便学生使用，提高其积极性。对于学生用手机编辑长篇文档比较费时的问题，教师布置在线作业时可以改变要求，比如让学生上传作业的图片即可。

5.2 完善网络平台资源建设

资源的整合和优化只是手段，资源的充分利用和共享才是目的（陈坚林等，2014）。教师要共享更多的拓展资源给学生，充分满足他们的自主学习。比如，增设"文化探索"板块，上传有关西方文化的文本、音视频等材料供学生欣赏。同样，也可以提供一些经典的英美电影，增加学生接触原汁原味素材的机会，为其提高英语习得提供便利。为了提高

学生对英语技能的掌握,教师也可以在平台上增设"英语演讲""英语模仿秀"等板块,让学生先观摩学习,逐渐模仿,并在平台上展示自己的作品,以此激励学生的学习积极性。考虑到学生将来要参加专四考试,教师也可以增加"考试加油站"板块,上传一些考试真题或辅导资料,包括文本、音频或视频,帮助学生提前对考试有所了解和准备。

5.3 优化评价机制

评价是教学活动中必不可少的环节。为了更好调动学生的积极性,要加大过程性评价的比重,如将成绩比例调整为:平时成绩占50%,期末成绩占50%。其中,平时成绩可以包括:出勤(10%)、线上(20%,包括发帖、跟帖、线上作业和测试)、小组活动(10%)、线下作业(10%)。这种评价方式重视学生的自主学习和团结协作学习,能够更加全面、客观地评价学生的学习效果。评价要实现教师评价、小组互评和学生自评三位一体的机制,重视学生的自评。因为,同学和老师的评价是站在旁观者的角度,而学生对自己的评价能发现一些旁人不易察觉的内在因素,这些因素往往更关键。此外,在小组讨论和展示时,同学评价或老师评价都以小组为单位,容易出现"一刀切"的问题,即小组成员不论贡献大小都得分相同,这会影响贡献大的学生的积极性。可以让小组长根据小组成员贡献的大小分配不同成绩,激励每个成员的积极性。评价要提倡正面反馈,这样更能激发学生的学习斗志。

5.4 加强对学生网络平台学习的监管

学生在网络平台上的学习靠他们的自主、自觉,但往往容易产生惰性心理。一旦有了惰性,学习积极性就会降低,从而影响学习效果。在先前研究数据的分析中提到,只有一半学生会经常查看自己在平台上的学习情况和学习效果。因此,教师应该提高监管力度,定期将学生在平台上的在线学习时长、参与讨论的次数、测试和作业的成绩等数据公布到学生QQ群里,时刻提醒他们关注自己的学习情况,激发其学习热情。

5.5 强化教师的专业素质和信息化能力

混合式教学的使用对教师的专业素质提出了新的挑战。教师不再是课堂的主导,相反,他们变成了教学的设计师。教师要提升自己的"信息—教学"素养,利用所了解的关于学生学习的知识和关于技术的知识去设计、管理、维持以学生为中心的、多维的学习环境。教师要进一步提高自己的专业素质和信息化能力,更有效地挖掘和利用"优慕课"平台,提升混合式教学的效果。

6. 结语

混合式教学模式适应时代发展,促使外语学习方式发生变革,为学生的自主学习和个性化学习提供便利,受到多数学生的欢迎。教师要加强"优慕课"平台建设,不断拓展平台资源;优化评价机制;加强对学生网络平台学习的监管力度;强化自身专业素质和信息化能力,引导学生更加有效地学习。

参考文献:

1. 柴畅,2017,混合式教学模式在英语写作过程教学法中的应用[J],《湖北函授大学学报》(22)。
2. 陈坚林、张笛,2014,外语信息资源的整合与优化建设一项基于部分高校信息资源建设的调查研究[J],《外语学刊》(5)。
3. 丰海利,2018,基于微课和手机 app 的综合英语混合式教学模式研究[J],《吉林省教育学院学报》(3)。
4. 高西,2017,整合移动工具的大学英语混合式教学的设计与应用研究[D],深圳大学硕士论文。
5. 过巧、林琼,2017,慕课环境下地方高校英语混合式教学可行性研究[J],《宁波工程学院学报》(3)。
6. 何克抗,2004,从 Blending Learning 看教育技术理论的新发展(上)[J],《电化教育研究》(3)。
7. 胡存华,2016,基于手机移动学习的高职英语混合式教学模式探究[J],《江西电力职业技术学院学报》(1)。
8. 黄敏,2016,新媒体下基于专业导向培养的大学英语混合式教学变革[J],《英语教师》(4)。
9. 黎闯进,2018,基于朗文交互英语学习平台的混合式教学研究[J],《现代教育技术》(7)。
10. 马晓燕、肖德钧,2017,高职英语混合式教学模式构建及应用探讨[J],《湖北成人教育学院学报》(1)。
11. 汪清、刘长江、张帆,2018,大学英语混合式教学模式调查:实践与思考[J],《河南工业大学学报(社会科学版)》(4)。
12. 闻琴华,2018,"产出导向"的专业英语混合式教学改革研究[J],《考试与评价》(4)。
13. 谢玉,2010,网络环境下的综合英语混合式教学[J],《教学与管理》(4)。
14. 殷鸯、张生祥,2018,英语混合式教学模式重构探索[J],教学与管理(11)。
15. 张其亮、王爱春,2014,基于"翻转课堂"的新型混合式教学模式研究[J],《现代教育技术》(4)。
16. 中华人民共和国教育部,教育信息化 2.0 行动计划[OL].https://baike.baidu.com/item/%E6%95%99%E8%82%B2%E4%BF%A1%E6%81%AF%E5%8C%962.0%E8%A1%8C%E5%8A%A8%E8%AE%A1%E5%88%92/22501991?fr=aladdin。

作者简介:张艳波,女,郑州升达经贸管理学院外国语学院副教授,研究方向:英语教学和翻译。电子邮箱:yanbozhang19@163.com。

建构主义视域下写作课程的混合教学研究*
——以慕课和批改网平台为例

安徽交通职业技术学院 李芙蓉，上海外国语大学 陈坚林

摘要：线上线下结合的混合式教学是国内外高等教育改革的利器。慕课由于其注册免费、资源丰富、终身学习、开放共享等独特优势越来越受到学习者的欢迎。文章以《英语修辞与写作》慕课的设计框架、社会建构主义的理论来源、课程迭代产生的数据和学习者在线提交的作文为数据素材，分析了慕课学习和在线写作对满足学生个性化学习的意义，为提升混合学习效率提供了思路和实施途径。

关键词：建构主义；慕课；在线学习；英语写作

1. 引言

作为"互联网+"教育背景下的宠儿，慕课（Massive Open Online Course，MOOC）以教学资源的碎片化、教学内容的灵活性、学习对象的多元化和学习手段的网络化等特有属性，自2013年传入中国后备受瞩目。早在2008年，慕课这一概念首次由加拿大的两位教师提出。2012年，慕课的三驾马车Coursera，Udacity和edx向全世界提供免费的优质在线开放课程。2013年，慕课引入中国，2014年获得蓬勃发展。2017年慕课再度掀起在中国的发展高潮。至今，以爱课程、智慧树等为首，中国在线开放课程公共服务平台已达20个，仅2018年国家精品在线开放课程就达801门。

以大数据、开放、创新、共享为灵魂的慕课是信息技术与教育的亲密接触，对教育产生了巨大影响。近几年，众多专家学者展开对慕课的全方位研究。高等教育发展方面，陈坚林教授（2015）认为慕课的灵魂正是大学精神的写照；万新娜（2018）认为这种师生协同共创的特征建构了教育网络化的生态系统；课程组织方面，尚云鹤（2017）将传统教学法与MOOC教学法进行对比，认为MOOC扮演了"创新引导"和"兴趣启发"的角色；颜正恕（2015）探究了MOOC教学胜任力模型的因子问题；英语教学方面，罗莎（2018）从课堂环

---

* 基金项目：2019年度高校优秀拔尖人才培育资助国内访问研修项目（gxgnfx2019141）；2018年度高校优秀青年人才支持计划重点项目（gxyqZD2018128）；安徽省教育厅高校人文社会科学研究重点项目"翻译生态环境下中国典籍《孙子兵法》中外交委婉语的英译研究"（SK2018A0841）；校级品牌课《商务英语写作》（2019xjppkc018）。

境评估量表和分级分课型课程体系角度对大学英语翻转课堂环境的评价展开研究;索格飞、迟若冰(2018)梳理了国外学者研究混合式教学的理论和方法,认为慕课体现了学习者的主动性、积极性和创造性;陈燕秀(2018)基于成果导向教育思想,提出翻转课堂重塑了教学设计,对解决教学问题更具针对性。教师发展方面,田晶(2018)认为在线课程信息化、技术化的特点要求教师树立多元教育理念,从而实现角色转型和教学能力的提升;写作教学方面,刘景珍(2018)从课程教学论的研究热点角度,探究学习共同体和同伴反馈对于写作教学的积极作用。

综上,慕课的研究正如火如荼地在华夏大地展开,但是多停留在理论研究方面,缺乏基于运营平台上的实证研究。本研究以社会建构主义为理论来源,安徽省网络课程学习平台"e会学"的《英语修辞与写作》慕课为蓝本,课程运营数据和"批改网"平台作文为依据,探讨写作课程大班混合式教学的优势。

2. 社会建构主义的基本观点

建构主义由认知主义发展而来,主张人的大脑主动选择某种输入信息,建构这些信息并进行解释,进而得出结论(张庆宗,2011)。该理论的主要代表人物包括认知建构主义学习理论创立者皮亚杰(Piaget)和社会建构主义学习理论的提出者维果茨基(Vygotsky)。

19世纪60年代,法兰西斯·高尔顿(Francis Galton)引发了关于人格影响因素的争论——是自然还是培育?是天生能力还是后天培养?该争论对心理学的早期发展影响显著。此后,俄罗斯心理学家维果茨基将人的发展置于三个层级:文化、人际关系和个人。他的研究聚焦于文化和人际关系,相信我们每一个人都是通过他人成为自己(We become ourselves through others),同时,认为孩子的推理、理解和记忆的能力源于其与父母、老师和同伴的经历。

维果茨基的理论对教和学产生了重要影响。社会建构主义的知识观强调知识是一种意义的建构,通过个体间的相互作用和认知过程而产生。学习者以原有的知识为认知背景,社会情境是其认知发生和发展的重要来源。学习者所处文化和社会情境间的互动构成一个"学习共同体"(张庆宗,2011)。而学校环境下信息和通信技术的发展不仅挑战意义模式,而且对教学活动的分类和框架形式发起挑战(Moss, Normand & Dowling, 2014)。因此,学习被视为是个体与社会之间互动、转化和协商的过程,学习者之间的交流、讨论和学习是个体得以持续发展的诱因。

今天,建构主义的学习理论认为协作应贯穿于学习的整个过程中,学习者应置于特定的学习情境中,通过会话和交流,推进每一个学习者的学习进程,探寻事物的性质和规律,实现意义建构的教学目标。在这一过程中,学习者是认知活动的主体,教师是意义建构的促进者。从这个意义上说,教学不再是知识的单向传递,而是通过激发学习者的旧知,唤醒其知识和经验的生长,加速其重组、转换,从而促成学习者知识的建构。

3. 慕课的教学模式分类

慕课被誉为"印刷术发明以来教育的最大革新"(张应语,2018),具有不受学习者人数的限制、在线开放、为学习者提供终身学习机会和社区讨论等区别于传统课堂的优势,尤其为社会学习者打造了"无围墙的教室"。其教学模式主要分为三大类(何涛、钟峥、靳耀,2017):第一种是以建构主义为基础的 tMOOC,采用教师的讲授,侧重任务的学习方式。学习者通过完成多种任务,在动态的学习过程中获取技能;第二种是建立在联通主义基础上的 cMOOC,以社交和合作活动为基础;第三种是建立在行为主义理论上,以短视频观看、学习活动、测试、论坛等共同组成的 xMOOC。

4.《英语修辞与写作》的混合教学实施途径

4.1 问题的提出

截至 2019 年 8 月,安徽省网络课程学习平台"e 会学"上线的英语类课程达 36 门,以"写作"为关键词搜索课程介绍,发现共计 23 门。其中,写作类课程主要涉及大学英语写作、MBA 论文写作、高职英文写作、应用文写作、高级英语写作等,授课模式大多采用建立在行为主义理论基础上的 xMOOC。打开这些课程页面,章节目录栏多是由多个细分知识点构成的短视频、辅助作业、练习和测试。部分课程的讨论区有教师和学生的留言。此外,课程公告、考试等共同构成了课程的非视频资源。

在慕课教学模式中,tMOOC 学习是否对学生的写作成绩产生正向影响?这种授课方式和网上提交作文是否适合大班教学?两种平台的运用在哪些维度呈现出学习者写作成绩的差异性?

4.2 课程的设计

4.2.1 设计原则和思路

《英语修辞与写作》的课程建设秉承社会建构主义理论下的心理机制。维果茨基认为学习和运用语言是人从低级心理机能向高级心理机能发展的过程,而人的思维和智力正是各种活动相互作用和不断内化的结果(张庆宗,2011)。好的教学正是通过教师和学习同伴的激发,进而形成目前尚不存在的心理机制。同时,写作既是一种复杂的认知技能,又是一个构建、转化和执行的心理过程(Anderson,2004)。学习者从如何选择信息、建构意图、语块转化到完成构建需要积极思维的参与,而影响语言学习的心理因素也对写作学习产生了不容忽视的作用。

基于此,课程由 15 个主题构成(见表 1),每一主题包括 10 分钟左右的视频和多个非视频资源,如推送课件、练习、测试、课程公告、讨论区教师发帖等。其中,超过125个非视频资源经过了三轮课程迭代,包括写作基础知识、中国传统文化语篇和专项测试。

此外,社会建构主义赋予教学以激发学习者分析、推理等高级思维活动为要义,教师为其提供丰富的信息资源和处理信息的支架,促使学习者自身建构意义(张庆宗,2011)。美国社会心理学家马斯洛(Abraham Maslow)认为,人的创造力来自无意识,摆脱控制才能获得发挥的能力。创新思维者必须克服情绪障碍,在正确和有效之间选择有效,而两者的区别在于前者总是正确,后者只有在最后才正确(张在新,2010)。因此,在任务设计方面,创新思维下的写作任务设计教会学习者打破思维的定势,形成意义建构(见表2)。

表 1 课程资源数据表

数　据　项		第一期课程	第二期课程
授课视频	总数量(个)	15	15
	总时长(分钟)	149	149
非视频资源	数量(个)	70	98
	数量(次)	39	30
讨论区互动交流	发帖总数(帖)	445	2 181
	教师发帖数(帖)	124	1 196

表 2 课程主题和任务设计表

周数(Week)	主题(Topics)	线上或线下任务(Online/Offline Tasks)
1	What Is a Good Composition (优秀作文的四要素)	Creative Thinking and Students' Writing Task(创新思维下的线下写作——可能性)
2	Diction (措辞)	The Longest Word or Sentence and Students' Writing Task(学生线下写作——最长的单词和句子)
3	Effective Sentences (有效句)	Conciseness and Students' Revision Task(语句精简与学生线下修改任务——圣诞节)
4	Effective Paragraphs (有效段)	Opening Paragraph and Students' Writing Task(开头段与学生线下写作——艺术出自个人,科学来自集体)
5	English Advertisement (英文广告的撰写)	Advertising and Students' Task on MOOC Platform(英文广告与学生线上写作)
6	Figure of Speech Ⅰ (修辞)	Figure of Speech and Students' Peer Evaluation(修辞与学生互评表)
7	Figure of Speech Ⅱ (修辞)	Descriptive Writing Task and Students' Works(创新思维与学生线下写作——抓小偷)

(续表)

周数(Week)	主题(Topics)	线上或线下任务(Online/Offline Tasks)
8	Social Letters（社交信函）	Thank-you Letter and Students' Online Writing Task（感谢信与学生线上写作）
9	Application and Resignation Letter（求职信与辞职信）	Application Letter and Students' Task on MOOC Platform（求职信与学生线上写作）
10	Four Elements of Writing a Résumé（简历撰写的四要素）	Discussion and Students' Task on MOOC Platform（认识自我与学生线上写作）
11	Basic Requirements of Business Letters（商务信函的基本要求）	Business Letter and Students' Task on MOOC Platform（商务信函与学生线上写作）
12	Sales Letter（推销信）	Sales Letter and Students' Task on MOOC Platform（推销信与学生线上写作）
13	Inquiry and Reply（询盘信与回复函）	Inquiry Letter and Students' Task on MOOC Platform（询盘信与学生线上写作）
14	Minutes（会议记录）	Minutes and Students' Task on MOOC Platform（会议记录与学生线上写作）
15	Business Report（商务报告）	Business Survey and Students' Task on MOOC Platform（商务调查与学生线上写作）

4.2.2 受试对象

书信类作文是高职学生通过英语应用能力三级考试的必考环节。除固定的书信格式要求外，内容的书写对学习者普遍存在难度。基于此，受试对象为高职路桥专业随机抽取的两个班，由同一名教师授课。这些学生的高考英语成绩普遍较好，课堂活动参与的积极性较高。其中路桥一班44人(控制班)，路桥二班73人(试验班)，入学时英语单科成绩在60至125分之间，年龄在18岁至21岁之间，英语学习年限不等，6至16年。

4.2.3 以如何撰写信函为例的混合教学实施过程

1. 控制班教学过程

以"感谢信"写作为例，教师聚焦书信格式、段落布局和常用表达的输入，并要求学生完成教师在"批改网"平台上布置的作文。

表达感谢的句型：Thank you very much for …/Oceans of thanks./This is to thank you for …/… is highly appreciated./I am most obliged to you for your …/Thank you again for …/Many thanks for your …/I'd like to take this opportunity to express my sincere gratitude to you for …/I trust that you may be able to assist me and thank you for your help in the past./Thank you for the attention you have so courteously given to the matter./It's very considerate of you to …/Thank you in advance for your cooperation on this matter.

> 题目：假定你是美国 JKM 公司的 Thomas Black，刚从北京出差回来，请给在北京的朋友写一封感谢信。
> 写信日期：2017 年 10 月 18 日
> 内容：1. 感谢他在你出差期间的热情接待；
> 　　　2. 告诉他自己对中国的文化很感兴趣，尤其喜欢他夫人送的剪纸作品(paper-cutting)，希望能多了解些中国文化；
> 　　　3. 期待能再次与他见面。
> 注意：必须包括对收信人的称谓、写信日期、发信人的签名等基本格式。

2. 实验班的教学过程

教师聚焦商务信函书写的"六 C"原则，辅助慕课推送的章节学习资源，通过课前、课中和课后三个阶段开展线上线下结合的混合式教学。课前，学生通过观看慕课平台的学习资源对商务信函的词汇特征、句子结构、书写正式程度和写作格式开展自学。课中，学生分小组讨论、提炼商务信函的撰写模板和例句，教师检查(见图1)。课后，教师要求学生在规定的时间段在线提交作文。

一级结构 （模块）	二级结构 （小节）	其他资源		
		练习	作业	考试
模块 11：Basic Requirements of Business Letters	11.1 Basic Requirements of Business Letters		Basic Requirements of Business Letters	
	11.2 Emails（电子邮件）		Basic Requirements of Business Letters	
	11.3 Faxes（传真）			
	11.4 Memos（备忘录）			
	11.5 Words of BEC（应试篇之剑桥商务英语词汇）			
	11.6 Cambridge English（应试篇之剑桥商务 BEC 中级写作测试评分标准）			
	11.7 Business Letter and Students' Posts on MOOC Platform（翻转课堂篇之商务信函与学生线上写作任务）			
	11.8 Business Letter and Students' Writing Samples（翻转课堂篇之商务信函与学生线下写作任务）			
	11.9 Qin Shihuang's Mausoleum and Stone Armour Pit（文化篇之秦始皇与兵马俑）			

图 1　商务信函的慕课设计表

> 题目：以 Pepsi 公司市场部经理 David Johns 的身份于 4 月 19 日给 Green 先生写一封，答复其延期付款要求。信中应包括以下内容：
> 1. 谢谢你方 6 000 美元的支票。现在你方账上尚有 4 000 美元的欠款；

2. 表示理解,提出支付计划:在此后的4个月内,每月15日支付1 000美元;
3. 如果你方另有设想,请与我方电话联系,以便讨论。否则,我方将在5月15日期待着你方第一张1 000美元的支票。

参考词汇:
　　支票 check　　账户余额 balance on the account　　延期 extension(名词)

4.3 数据的收集和分析

4.3.1 控制班学生样文(见图2至图4)

◂上一篇　　　　　　　　　　　A Letter of Thanks　　　　　　　　　　　下一篇▸

October 18,2017

Dear Li Hua,

　　How is everything going well in these days? I'm writing to express my sincere gratitude for your enthusiastic treatment in the course of the time in Beijing.

　　I'm caught up in Chinese culture, especially the paper-cutting that your wife gave me. I want to learn more about Chinese culture when I am free due to I hold the view that Chinese culture is extremely fun.

In food, Beijing roast duck and rice dumplings are delicious. In festivals, Spring Festival and Mid-Autumn Festival have many interesting traditions. In languages, people use some sayings and idioms to make others feel more interesting.

I'm wondering provided that I can invite your family to my place to have fun.

　　I'm looking forward to meeting you as soon as possible.

图2　学生样文一

◂上一篇　　　　　　　　　　　A Thank-you Letter　　　　　　　　　　　下一篇▸

October18,2017

Dear Mr Li

　　I have finished my business trip in Beijing and returned to the United States. Thank you very much for your warm hospitality during my stay in Beijing. I hope you can come to the United States for a visit one day, I will thank you very much.

　　In fact, I enjoyed my business trip in Beijing very much, and I was very happy with the beauty of

Beijing and the warmth and generosity of the Chinese people. I especially like the rich and colorful culture of China, and your wife's paper cutting is very beautiful. I like it very much. Not only that, but the beautiful Peking Opera, the ubiquitous lanterns and the delicious snacks are wonderful things. Stay in Beijing for a few days, let I deeply feel that Beijing is a very attractive city, it is not only full of modern flavor, also has the traditional features extremely, is an inclusive, open modern metropolis, I like it very much.

In a word, I think this trip to Beijing is very meaningful. I hope I can go to Beijing one day!
Sincerely yours,
Thomas Black

图 3　学生样文二

Dear ,Li Hua October 18, 2017

How are you doing? Thank you for your help and good treat while I was traveling in Beijing . You were so kind and friendly to treat us to the local food, and show us around the city. It is really nice to visit Beijing, whose beautiful scenery and delicious food gave me a good impression. I had a great time there and learned a lot about Chinese culture.I want to know about Chinese paper cut.And most importantly,my wife loves the paper cut you sent. Here I'm glad to recognize you something about other Chinese culture.In the end, I would like to invite you to visit America. I'll act as a guide to show you around the places of interest and introduce America culture in my hometown.

Looking forward to your reply.

Yours,
Thomas Black,

图 4　学生样文三

4.3.2　控制班学生作文的数据收集和分析

控制班 44 名学生在"批改网"平台上提交了作文,他们可以在规定的时间段内反复修改,部分学生根据平台大数据提供的修改建议,修改次数最高达 36 次。最终,在这 44 篇作文中,学生共使用 5 484 个单词,543 个句子,其中最长的句子由 50 个单词构成,最短则由 2 个单词组成。

控制班学生提交的作文错误总数242处，拼写错误、句子成分和结构错误排在前列。词汇使用方面（见表3），名词使用频次占比最高（24.01%），其次是动词（18.99%）。其中，位列前三的高频动词分别是be（频次137）、have（频次67）和hope（频次44），而四级词汇appreciate的使用频次较低（频次12），说明学生的动词使用仍停留在基础词汇。作文中的形容词和副词占比极低，尤其是副词（9.90%）。学生不能灵活使用程度副词，使用频次10次以上的副词只出现了very（频次71）和especially（频次21）。介词使用共计17个，无复合介词的使用。连词高频词为and（频次80），最低的是while（频次1），显示学生的英语句子结构多停留在并列复合句，对副词性从句知识点掌握欠缺，运用意识低。

表3 学生作文词性和搭配频次分布表

词性	频次	占比(%)	最高频次词	频次	搭配分布	频次	占比(%)
名词	1 052	24.01	culture	105	形容词+名词	311	26.81
动词	832	18.99	be	137	副词+动词	245	21.12
形容词	676	15.43	Chinese	113	动词+介词	205	17.67
副词	434	9.90	very	71	动词+名词	184	15.86
介词	522	11.91	to	155	名词+动词	119	10.26
连词	140	3.19	and	80	副词+形容词	58	5.00
代词	726	16.57	I	254	形容词+介词	38	3.28

词汇搭配方面（见表3），副词修饰形容词的形式出现三次以上的仅有四组：very interested（频次10），very beautiful（频次5），very interesting（频次5）和very happy（频次3），而且无一例外的都是以人称或非人称代词做主语，如So I am very interested in the history of this city./It is very beautiful./I'm very happy to come to China and this is once very interesting experience.这显示了学生作文开头句型的单一化和自身副词词汇的匮乏。句长分布方面（见图5），超过21个单词的句子数量仅43句（7.89%），10个单词之内的句子数量占比超过一半（59.49%），这表明学生句子构成的单词数量少，句式结构的复杂度低。

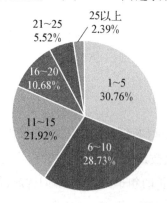

句长（单词数）	句子数（条）	占比(%)
1~5	167	30.76
6~10	156	28.73
11~15	119	21.92
16~20	58	10.68
21~25	30	5.52
25以上	13	2.39

图5 控制班作文的句长分布图

4.3.3 实验班学生样文(见图 6 至图 8)

第1400212号 书信

April 19th

Dear Mr.Green,

　　I have received your letter, in which you asked for deferred payment. Now I will reply.

　　Thank you for your check for $6,000. However, now there is a balance of $4000 on your account. But it doesn't matter. We understand your situation. Therefore, we have made a special payment plan for you. We will pay 1000 dollars on the 15th of each month for the next four months. You can see if it meets the requirements according to your actual situation. If you have other ideas, please contact us by telephone so that we can discuss them. Otherwise, we will be expecting your first check for $1000 on May 15.

　　I'm glad to be of service. Best wishes to you.

Pepsi Company

David Johns

图 6　学生样文一

第1400212号 书信

19 April 2019

Dear Mr.Green

　　I am David Johns from the marketing manager of Pepsi. I have come to ask for a deferred payment for you. First of all, I would like to thank you for your cheque for 6000 dollars. Now you still have 4000 dollars outstanding from your balance on the account. We can understand your current situation, so we have put forward payment plans. Then in the next four months, we will be paid 1000 dollars per month on the 15th. If you have other ideas, please contact us by phone to facilitate our discussion, otherwise we will wait for your first check for 1000 dollars on May 15. I hope you can understand.

Yours,

David Johns

图 7　学生样文二

◀上一篇　　　　　　　　　　　第1400212号 书信　　　　　　　　　　　下一篇▶

19th April
Dear Green
　　Our company agrees to your application for deferred payment.I have received a check for $6000 of you. Thanks very much anyhow.Now you still owe $4000 on your account.Express understanding and propose payment plan:over the next four months, $1,000 will be paid on the 15th of each month.If you have other ideas,Please contact us by telephone,for our discussion.Otherwise, we'll be looking forward to your first $1,000 check on May 15.Otherwise, we'll be looking forward to your first $1,000 check on May 15.It's a pleasure to work with you.It's a pleasure to work with you.I hope we can continue to cooperate happily next time.As the saying goes:Honesty is a good policy.If you have a good influence on our company,Please give our company a good comment.I'll thank you very much.We have been looking forward to your visit and hope we can do business together.I wish you the best luck in your future endeavors and I'm looking forward to a fruitful cooperation with you.Thank you for your support, we hope to continue collaborating with you in the future.I'd like to establish long-term business relationship with you.I'm sure we will have great time working together.I am glad to know you beyond hope that we have a pleasant cooperation.
Let's keep in touch.
Company Marketing Manager of David Johns

◀上一篇　　　　　　　　　　　　　　　　　　　　　　　　　　　　　　下一篇▶

图 8　学生样文三

4.3.4　实验班学生作文的数据收集和分析

实验班 75 名学生在"批改网"平台上提交了作文,除两篇异常作文外,收到有效作文 73 篇。学生共使用 9 501 个单词,656 个句子,其中最长的句子由 68 个单词组成,最短的句子则由 2 个单词组成,最少单词的组成个数和控制组一样。

实验班学生提交作文的次数最高达 48 次,错误总数 250 处(见表 4)。对照控制班,实验班的拼写错误、句子成分和结构错误仍排位在前。有别于控制班,实验班没有形容词错误,情态动词错误(1 处)首次出现。搭配错误、主谓一致、句子成分错误方面,实验班均优于控制班,显示实验班学生的形容词掌握情况良好,动词使用复杂度较控制班高,语法基础较好。在词汇使用方面,名词使用频次(23.37%)虽略低于控制班 0.64%,但仍然占比最高,其次是代词(18.19%)。其中,位列前三的高频动词分别是 be(频次 195)、have(频次 175)和 pay(频次 79),表明和控制班一样,实验班学生首选的动词仍为熟悉的 be 和 have。控制班中副词频次最高的 very 被 otherwise(频次 59)取代。连词 and(频次 80)

仍排名高频词第二,if 位列第一(见表 5),相对于控制班连词的单一化,实验班使用的连词数量更多(10 个),且从属连词多样,包括:if/because/after/although/since 等,表明学生状语从句意识强。术语词汇频次(见图 9)在 10 次以上的分别是 contact(频次 63)和 financial(频次 18),学术词汇的使用(频次 38)达到控制班(频次 19)的两倍(见表 6),其中不乏拼写复杂的单词,如 beneficial(频次 5),cooperation(频次 4),anticipate(频次 3)和 appropriate(频次 2)。

表 4 控制班和实验班作文错误类型对比数据表

	控制班	实验班		控制班	实验班
错误总数	242	250	句子成分	43	27
拼写错误	88	115	句子结构	31	35
搭配错误	9	8	句子语序	2	2
词性错误	45	53	句子时态	2	2
主谓一致	20	8			

表 5 实验班学生作文词性和搭配词频分布表

词性	频次	占比(%)	最高频次词	频次	搭配分布	频次	占比(%)
名词	1 592	23.37	check	133	形容词+名词	317	20.81
动词	1 227	18.01	be	195	副词+动词	295	19.37
形容词	994	14.59	the	176	动词+介词	411	26.99
副词	476	6.99	otherwise	59	动词+名词	346	22.72
介词	1 021	14.99	for	214	名词+动词	111	7.29
连词	263	3.86	if	94	副词+形容词	16	1.05
代词	1 239	18.19	you	334	形容词+介词	27	1.77

单词	频次	例句
contact	63	If you have other ideas, please contact us by telephone so that we ...
financial	18	We understand your financial situation so after our discussion we come ...
method	7	I think this method is not too much pressure for you and this is the ...
beneficial	5	our discussion we come up with a repayment plan that is beneficial to ...
cooperation	4	our cooperation this time and look forward to our cooperation next ...
sum	4	you do n't have to pay off the remaining balance in one lump sum but ...
cooperate	4	conclusion, I would like to say that I hope we can cooperate happily ...
response	3	I wirte this to tell you about you are in response to his request for ...
anticipate	3	We are anticipating your early reply.
appropriate	2	We will then analyze the appropriate reduction per month based on the ...

图 9 实验班学术词汇使用频次图

表6 控制班和实验班学术词汇使用频次对比数据表

	单词	高频学术词汇	频次	次高频学术词汇	频次
控制班	19	culture	105	appreciate	12
实验班	38	contact	63	financial	18

句长分布方面(见表7),超21个单词的句子数量为104句(15.85%),是控制班(7.91%)的两倍,10个单词之内的句子数量占比低于一半(33.99%),显示学生作文中构成句子的单词数量较控制班多,句长优于控制班,而且句式结构的复杂度较高,这回答了第一个研究问题。

表7 控制班和实验班学生作文的句长分布对比表

项目		句子数(条)		占比(%)	
		控制班	实验班	控制班	实验班
句长（单词数）	1—5	167	57	30.76	8.69
	6—10	156	166	28.73	25.30
	11—15	119	196	21.92	29.88
	16—20	58	133	10.68	20.27
	21—25	30	50	5.52	7.62
	25以上	13	54	2.39	8.23

从控制班和实验班的作文维度数据对比看(见表8),学生的拼写正确率没有差别,这表明在线提交作文一方面方便学生反复修改,另一方面作文分数的直观性激发了学生对待写作的积极心理。实验班的作文均分(71.03)高于控制班平均分4.95分,配对样本t检验显示实验班的初始作文成绩和最终作文成绩的均值间存在较大差异(见表9),且具有统计学意义上的显著性($p<0.05$),从而回答了第二个研究问题。

表8 控制班和实验班作文维度数据对比表

项目	平均词长	词汇丰富度	从句密度	文章长度	文章段落数	拼写正确率	句子语法正确率	易读性	平均分数
控制班	4.103	4.842	0.539	110.25	5.227	0.986	0.941	0.10	66.08
实验班	4.043	4.942	0.762	110.689	3.649	0.986	0.96	0.06	71.03

表 9　实验班初始作文成绩和最终作文成绩的配对样本 t 检验

Paired Samples Statistics

		Mean	N	Std. Deviation	Std. Error Mean	t	df	Sig. (2-tailed)
Pair 1	初始作文成绩	67.664 4	73	11.919 60	1.395 08	−4.597	72	.000
	最终作文成绩	71.972 6	73	9.657 64	1.130 34			

此外,作文的分数与文章长度、从句密度、词汇丰富度具有相关性,而实验班这三项的均分都高于控制班,尤其是从句密度,实验班(0.762)高于控制班(0.539)0.223 分。其中,除从句密度和文章长度具有弱相关外,词汇丰富度与作文分数呈现强正线性相关(见图10),这表明词汇丰富度和句式的多变性在写作教学中的重要作用。同时,在句子语法正确率方面,实验班也高于控制班 0.019 分,从而回答了第三个研究问题。

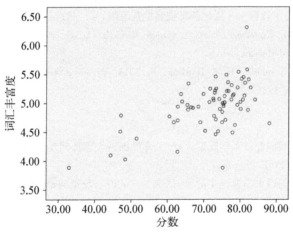

图 10　实验班词汇丰富度与作文分数的散点图

5. 结语

《英语修辞与写作》慕课经过两个教学周期的迭代,发现基于行为主义理论的 xMOOC 和基于联通主义的 cMOOC 都由于学习活动的机械化、趋同性、学习者参与度不高等因素,在线学习人数短期攀升方面存在瓶颈。而基于建构主义的 tMOOC 课程设计理念,激发了学生对写作任务的关注度。作为混合式教学的重要组成部分,依托慕课和"批改网"平台的在线学习为教学设计的评价、学习者的体验和在线学习行为数据的获取提供了抓手,这种线上线下的混合教学实践满足不同学习者的个性化学习需求,在作文的四大维度(词汇丰富度、从句密度、文章长度、句子语法正确率)均产生了积极影响,给学习者带来社会、教学和认知三大方面的临场感受,具有未来可期的发展态势。

参考文献:

1. 陈坚林,2015,大数据时代的慕课与外语教学研究[J],《外语电化教学》(161)。
2. 陈燕秀,2018,基于慕课资源的混合式教学——东西部高等教育协同发展的共赢之道[J],《中国大学教学》(2)。
3. 何涛、钟峥、靳耀,2017,基于 spoc 的智慧教育生态群落研究:市场营销慕课平台研究[J],《中国职业技术教育》(14)。
4. 刘景珍,2018,基于中外师生语言学习共同体的大学外语写作教学研究[J],《外语界》(1)。
5. 罗莎,2018,基于慕课的大学英语翻转课堂环境评价[J],《外语电化教学》(182)。
6. 尚云鹤,2017,大学英语教学中慕课资源的运用研究[J],《中国电化教育》(7)。
7. 索格飞、迟若冰,2018,基于慕课的混合式跨文化外语教学研究[J],《外语界》(3)。
8. 田晶,2018,基于在线课程的教师专业发展研究[J],《中国高校科技》(8)。
9. 万新娜,2018,"互联网+课堂"的多维教学模式研究[J],《广西师范学院学报》(4)。
10. 颜正恕,2015,高校教师慕课教学胜任力模型构建研究[J],《开放教育研究》(6)。
11. 张庆宗,2011,外语学与教的心理学原理[M],北京:外语教学与研究出版社。
12. 张应语,2018,基于 MOOC 的管理学课堂教学应用模型的构建与实施[J],《河北科技大学学报》(3)。
13. 张在新,2010,英语写作教程——从创新思维到批判思维[M],北京:外语教学与研究出版社。
14. Anderson, N. J. 2004. *Exploring Second Language Reading: Issues and Strategies*[M]. Beijing Foreign Language Teaching and Research Press.
15. Gemma Moss, G. & Normand, R. & Dowling, P. 2014. Vygotsky and sociology[J]. *British Journal of Sociology of Education* 35.

作者简介:

李芙蓉,女,安徽交通职业技术学院副教授,上海外国语大学访问学者,研究方向:外语教学理论与实践。电子邮箱:1297025579@ qq.com。

陈坚林,男,上海外国语大学博士生导师,研究方向:语言政策与语言教育,外语教学理论与实践。电子邮箱:jianlinchen900@ 126.com。

《欧洲语言共同参考框架：学习、教学、评估》新变*

天津理工大学 王正胜

摘要：从《欧洲语言共同参考框架：学习、教学、评估》到《欧洲语言共同参考框架：学习、教学、评估（二）》，相比于前者，后者出现诸多变化：增加新的语言能力描述项目；更新描述语；扩展能力描述级别；补充等级描述语。两个版本结合，成为欧洲语言教育领域最有影响的指导性纲领文件，可为我国的语言教育提供参考和借鉴。

关键词：欧洲语言；语言能力；描述语；新变

1. 引言

欧洲多民族多语言，欧盟成员国已达 27 个，涵盖其大部分地区。在这样一个庞大的地缘要实现政治、经济实体一体化，语言是必须解决的重要问题。语言教育及各国语言资质的互相认可则成为解决语言问题的首要任务。经过欧洲共同体、欧盟各国 200 余位语言学家 30 余年的努力，2001 年，《欧洲语言共同参考框架：学习、教学、评估》（Council of Europe, 2001，以下简称欧框）发布，对欧盟各国的语言教育起到了规范和引领的作用，促进了语言教育的交流、合作和统一，为欧盟的一体化打下了语言基础。同时，欧框也对世界的语言教育产生了重要影响，不少国家按照欧框的模式制定本国的语言能力标准，推动语言教、学、测的衔接连贯和测试的有序发展。近 20 年来，随着时代的前进，语言教育的环境和条件也发生了较大的变化，欧框也需要更新修订。2018 年 2 月，《欧洲语言共同参考框架：学习、教学、评估（二）》（Council of Europe, 2018，以下简称欧框（二））研制成功。它是欧框的姊妹版，相对于欧框来说，它具有诸多变化，本文将对此进行介绍和评析。

2. 增加新的语言能力描述项目

2.1 手语能力的描述

欧框倡导语言多元化、文化多元化的理念，语言能力的描述也体现了多元语言和多元

---

* 本文受教育部人文社会科学研究"中国聋人大学生英语能力量表研究"项目资助（项目批准号：17YJA740053），是国家社科基金年度项目"中国聋人大学生英语档案袋研制"的部分成果(项目批准号：19BYY218)。

文化交际能力的建构,这建立在健听人的基础上。但在当今社会,还存在一个特殊的聋人群体,他们因为先天或后天的原因导致耳聋,丧失听和说的能力,手语成为这个群体常用的交际手段。

手语也是一门自然语言(Stokoe,1965),《残疾人权利公约》(联合国,2006)指出:"语言"包括口语和手语及其他形式的非语音语言;残疾人特有的文化和语言特性,包括手语和聋文化,应当有权在与其他人平等的基础上获得承认和支持。2017年12月,第72届联合国大会发表决议,宣布9月23日为国际手语日,首个国际手语日活动于2018年举办,主题为"学用手语,人人参与!"决议强调,尽早接触手语和手语服务,包括用手语提供的优质教育,对于失聪者的成长和发展至关重要,是实现国际商定发展目标的关键。决议认识到保全手语作为语言文化多样性组成部分的重要性。在这种背景下,欧框(二)增加了关于手语能力的描述。

欧框(二)认为,手语的功能等同于口语,关于口语的理论、教育方式和描述框架同样适用于手语,但手语的具体结构不同于口语,它是一种视觉语言。手语能力应含空间图解能力,手语的文本含义也更为宽广。例如,基于书面语的手语录像也是文本,这已超出通过口语交际的副语言特征的范围。手语除了手、臂的移动外,同时需要面部表情、身体、头和模仿的辅助。既然是一门语言,手语有自己的音系、构词、语义和句法,这些将因不同的手语而不同。

手语能力包括语言能力、语用能力和社会语言能力:语言能力分为手语常备能力和图解精确度的能力;语用能力分为手语文本结构、场景和角度选择、手势呈现和效果、手语流利度的能力;社会语言能力指的是社会语言的得体性和对文化的认识。以手语常备能力C2描述语举例如下:

能用抽象、诗意的手语表达自我;能明确表达抽象事物和概念,例如,学术和科技领域的概念;能用一只手打出丰富的词汇手语(如量词、词汇动词"search for"),同时用另一只手模仿"构建该词义的动作"(如手在头部的不同部位划擦,似在寻找某物);能用语言美学的方式呈现复杂的动作(如用手形变化表达出幽默意义)。

欧框(二)增加手语得到了聋人的支持,也必将使手语和手语职业工作者得到社会的认可。

2.2 语言中介能力的描述

总体语言等级能力包括综合能力、交际性语言能力、交际性语言活动能力和交际性语言策略能力。其中,交际性语言活动能力含接受性、产出性、互动和中介活动能力。欧框对接受性、产出性和互动活动下定义并给出了详尽的能力等级描述,而对于中介活动,只有简要定义,并无描述语。

欧框对中介活动的定义如下：语言中介是接受性也是产出性活动，它的书面和口头活动让不能交流（不管何种原因）的人们之间可以直接沟通。它使用笔译、口译、改写释义、总结、记录等方式提供给第三方可以直接理解的源文表述或重述。语言中介活动处理或再处理一个已经存在的文本，在社会日常语言交流中占有重要位置。

语言中介活动有口头和笔头的形式。口头中介有大小会议、正式讲演的同声传译，欢迎致辞和导游的交替传译，还有非正式场合的口译，如在自己国家接待外国来访者；在国外与外国人交谈；在社交或交易场所为朋友、家人、顾客和外国友人口译等。笔头中介活动有合同、法律、科技文本等的精确翻译；小说、戏剧、诗歌等的文学翻译；用第二语言或第一语言总结报纸和杂志的文章；为非专业人士改写释义专业的文本。欧框认为，在中介活动中，中介者不需要表达自己的思想，只是在谈话者之间做传递工作。

从欧框对语言中介活动的介绍来看，很容易让人把语言中介看作翻译活动。国内学者傅荣（2009）、邹申等（2015）都把欧框提及的中介活动看作是翻译，这是一个误解。欧框（二）指出：欧框没有展开对语言中介的论述，导致人们容易把中介等同于翻译，从而意识不到中介在社会语言活动中起着越来越重要的作用。于是，欧框（二）重申并明确了中介的概念，开发研制完整的能力等级描述语，使人们对语言中介有了新的认识。

欧框（二）对中介的解释如下：中介是含接受性、产出性、互动性的语言活动，在任何情况下，应用语言不只是交流信息，更多的是通过常说的"措辞"（获得想法并清晰表达出来）来促进理解和交流。除了跨语言，交际、学习、社会、文化方面，甚至同一语言间都有中介。由此来看，欧框（二）以更宽广的视野看待中介，认为其也需要有中介者的思想（进行"措辞"）。这个改变是课堂教学的多样化所带来的，例如，内容教学法的出现，学习者需要执行小组合作任务，他们就必须共享各自不同的输入，互相解释，共同合作实现目标。中介并不特指在语言学习范畴，其他所有的学习范畴都包括中介。

在上述认识下，欧框（二）对中介能力进行了描述，这些能力包括中介文本、中介理念、中介交流活动，以及中介交流策略。中介文本包括书面或口头传达具体信息、书面或口头以图表形式解释数据、书面或口头处理文本、书面或口头翻译书面文本、在讲座会议中记笔记、对创造性文本（包括文学）表达个人的看法等；中介理念包括小组合作（促进同辈合作互动、合作构建意义）、引导小组工作（管理互动、鼓励思想性的讨论）；中介交流包括提升多元文化的空间、在非正式场合作为中间人、在微妙的情况下和意见不一致的场合促进交流的活动；中介交流策略包含有解释新理念的策略、简化文本的策略。

可以看出，语言中介活动远不是口译和笔译，它已经扩展到语言生活的各个方面。如果进一步发展，中介活动也可用于任何有语言障碍的情况，由此可见，言语病理、语言康复及特殊人群对此就更有需求。

2.3 语言多元化、文化多元化能力的描述

语言多元化和文化多元化是欧框开发描述语的出发点。语言多元化不同于语言多样化,语言多样化较容易实现,例如,学习者可以多学习一门新的语言、学校开设多种语言课程等。语言多元化着重强调随着个人的语言经历在所处文化环境的不断扩展(从家庭语言到社会语言,然后到其他民族的语言,无论是在学校学习的,还是直接习得的),个人不会从意识上把这些语言和文化严格分隔开来,而是使用这些语言去促进交际能力,而这种交际能力使所有的语言知识和经验发挥作用,使学习的所有语言相互关联、相互作用。语言多元化和文化多元化可以促使学习者成为"社会人",利用他们所有的语言、文化知识和体验全身心参与到社会和教育中,从而相互理解,获取更多的知识,进一步发展语言和文化能力。

文化多元化类似于语言多元化,指的是个人经过多种文化的比较、对比和积极互动,最终形成一种密切融合的文化多元化能力。语言多元化能力是文化多元化能力中的一种。

欧框虽然提出了语言、文化多元化的概念及其重要意义,并专门以第八章探讨语言多元化与学习模式,但没有提供语言、文化多元化能力的等级能力描述。欧框(二)提出了语言、文化多元化能力的描述框架和依据,该框架含多元语言的理解能力、构建多元文化及多元语言的常备能力。除了欧框中提到的与语言、文化多元化定义有关的能力依据外,欧框(二)还提供了如下能力描述的依据:具有处理文化差异性的能力,能够识别文化中的相似和不同之处,总结出已知或未知文化的特征,来促进交流合作;愿意做不同文化的中介者;积极主动地使用学习语言的能力去理解新的语言,寻找语言的共同性来理解未知语言的文本,同时也能意识到会犯错误;愿意也有能力以自己的好奇心和开放的态度扩展多元语言和多元文化的意识等。描述语举例如下:

构建多元文化常备能力 C2 描述语:能根据环境进行并掌控语言表达的行为和形式,意识到文化的不同,做出精妙的调整来阻止或修复误解和文化带来的事件。构建多元语言常备能力 C2 的描述语:能使用多元语言常备能力,在多语环境中就抽象和专业的主题,通过语言间的灵活切换进行互动,如果需要的话,还可以解释各语言所起的作用;能使用多元语言常备能力探索各语言中隐喻和其他修辞方式的相似和不同,无论是为了语言修辞的效果还是消遣。多元语言理解能力 B2 的描述语(暂无 C2、C1 的描述语):能使用多元语言常备能力,运用较常规文体类型和篇章模式的知识来帮助理解语言。

3. 更新描述语

除了上述新增的三项等级能力描述外,欧框还更新了原有的描述语,主要涉及"本族语者"的描述。例如"整体听力理解"C2 原描述语为:能毫无困难地理解用和本族语者同

样快的速度发表的任何种类的口语,无论是现场还是广播。现更新为:能几乎不费劲地理解以自然速度发表的任何种类的口语,无论是现场还是广播。"听懂本族语者谈话"C2原描述语为:如果有机会适应不标准的方言和口音,能听懂任何本族语者的谈话,甚至是超出自己专业领域的抽象的、复杂的且很专业的话题。现更新为:如果有机会适应不太熟悉的口音,能听懂任何谈话者的话,甚至是超出自己专业领域的抽象的、复杂的且很专业的话题。

欧框中所有涉及"本族语"的能力描述在欧框(二)中都做了修改或删除,欧框(二)认为欧框能力等级中的C2和理想的"本族语者""受良好教育的本族语者"或"近本族语者"这些概念本质上没有关系,所以,这些概念不能作为描述用语。实际上,欧框也指出:C2等级,虽冠以"精通",但并没有隐含本族语者或近本族语者的能力,而是指具有准确、得体、轻松掌控语言的能力,具有成功的高级学习者的语言特点。并且,自欧框颁布以来,其中相关"本族语者"的描述备受争议,欧框(二)对所有涉及该表述的内容作了更新。这些更新主要体现在C2级别。

另外,欧框(二)还更新了一些较为绝对且不现实的描述语,例如,"作为现场观众的听力理解能力"C2原描述语为:能听懂高度口语化、方言化或带有不熟悉术语的专业讲座和演示。现更新为:能听懂口语化、方言化或带有不熟悉术语的专业讲座和演示。"面试和参加面试"C2原描述语为:作为主持面试者或被面试者,能非常好地听懂对话,以完全轻松流利的话语组织交谈和互动,与本族语者的话语一样没有偏差。现更新为:作为主持面试者或被面试者,能非常好地听懂对话,以轻松流利的话语组织交谈和互动,与其他说话者的话语一样没有偏差。

又如,"整体阅读理解能力"C2原描述语为:能实质性地理解并批判性解释所有形式的书面语,包括摘要、结构复杂的或高度口语化的文学与非文学的文本。现更新为:能实质性地理解所有形式的书面语,包括摘要、结构复杂的或高度口语化的文学与非文学的文本。

除了描述语措辞的改变,有的等级描述语还作了进一步说明,如"阅读说明书"A2原描述语只有一项:能理解日常生活中见到的设备上的简单说明——如公用电话上的说明。除了这一项外,现新增了如下描述语:如果有插图并且不是连续的文本,能理解短而简单的说明;能理解简单表达的药物服用指令,例如:饭前服或服用后不可开车;能理解简单的食谱,特别是在有图说明最重要的步骤的情况下。虽然,有些事物随着时代的发展逐渐落伍,如公共电话、明信片等,但欧框(二)并没有删去描述语中的相关表述。

4. 扩展能力描述级别

欧框把语言能力分成三等六级进行评估,即基础阶段、独立使用阶段和熟练阶段。基础阶段分为入门级和初级,独立使用阶段分为发展级和成形级,熟练阶段分为流利级和精通级。把语言能力大分为三等六级比较符合人的认知习惯,但从细致区分能力水平的角度来看,则显得较为笼统。于是,欧框(二)扩展了能力级别,例如,增加了 Pre-A1 级和 Plus 级(如 A2+ 或 A2.2)。因为欧框在起初设计时,并没有把 A1 作为能力的最低层次。A1 级指学习者能用简单的方式互动,简单问答关于自己的居住地、所认识的人、所具有的东西等问题,发起并回应与自己直接有关和关于家庭话题的陈述,而不是仅依赖非常有限的经过预先准备好的词汇,来组织成针对某个情境进行表达的能力。在达到 A1 之前,也会有一些特定的学习任务,以使学习者能有效使用与自己需求有关的有限的语言。例如,下面的一些描述语可以为初学者树立可行有益的目标:能用手指或其他手势配合语言完成简单的购物;能问答日期和时间;能用一些基本的打招呼用语;能说"是""不是""打扰一下""请""谢谢""对不起";能填写个人信息,如姓名、地址、国籍、婚姻状况等,和不复杂的表格;能写简短的明信片。以上这种水平的能力被欧框(二)标记为 Pre-A1,并进一步丰富了描述语。比如口语流利度能力中的 Pre-A1 的描述语为:能处理非常短小的、单个的、预演过的话语,当需要的时候,也可借助手势和符号的帮助。

在 Plus 级方面,欧框(二)也做了说明:根据先期的研究成果,语言能力也可以均衡地分为 9 个等级,即在原有的六级中增加 A2+、B1+和 B2+。A2+处于 A2 和 B1 之间,B1+处于 B1 和 B2 之间,B2+处于 B2 和 C1 之间。如手语常备能力等级描述中 B2+的描述语为:能用手语准确打出复杂主题的内容;能根据描述的内容和(或)主题改变手语风格;能借助模仿或用一个合适的量词来呈现一个简单多产的动作;能根据文本的类型有差别地选词使用;能使用"创立的动作"(1∶1 模仿的动作)。

Pre-A1 级和 Plus 级使不同的国家和地区在制定语言能力量表时,可以根据实际需要进行分级评测。

5. 补充等级描述语

在欧框中,有不少等级无描述语,被标注为"目前暂无描述语"或"同……",现已补充了描述语。如原"理解本族语者交谈"能力中的 C2 无描述语,相应的位置标有"同 C1",欧框(二)中该部分内容补充修改如下:能识别出以自然速度进行的口语讨论中大部分话语的社会文化含义。

另外,欧框(二)对语音能力的描述语进行了重新开发和大幅补充。原描述语只有语音能力的 6 个等级,除 C2 无描述语,标注为"同 C1"外,其他五个等级的描述语均只有简短的一句话,如 B2:已经习得了清晰自然的发音和语调。欧框(二)中该部分内容有总体语音、发音、韵律特征三个方面的能力描述。例如,在 C2 中,总体语音的描述语为:能使用适当的语调,重音定位正确,单个音发音清晰;口音会受自己所说其他语言的影响,但几乎不影响理解。发音的描述语为：在扩展延伸的产出性语言活动中，能比例较高地清晰发出目标语中的音；尽管有一些系统的发音错误，但通篇可理解；能使用自己的常备能力进行归纳，推测大多数不熟悉词的音系特征（如单词重音），推测结果合理准确（如阅读的时候）。韵律特征的描述语为：能使用韵律特征（如重音、声调、节奏）来支持想要传达的信息，尽管会受到自己所说的其他语言的影响。

可以说，欧框（二）对语音能力进行了一个全新的、更为详尽的描述，更具有可操作性和参考价值。

此外，欧框（二）在阅读理解能力下补充了休闲阅读活动的描述，该活动是单纯的接受性过程，主要参考其他项目的描述语进行描述。在原互动活动交际能力描述下补充了在线交谈讨论和有目标的网上交易与合作。互动活动交际能力在欧框（二）中包括总体口头、总体笔头和在线互动交际能力三个部分。在线互动具有网络的多模态特征，包含查阅和互相回应、实时连线的口头互动、长时间的产出话语、使用聊天软件（书面的口头语）、较长的博客或笔头讨论和其他传媒工具的互动。在口头互动下补充了使用通信互动的交际能力描述。在总体口头产出下补充了持续独白：提供信息交际能力的描述。

除了上述变化外，欧框（二）还对能力描述项目的先后顺序做了调整，如把听、读接受性能力的描述调整到说、写产出性能力的描述之前，而在欧框中，接受性能力描述在产出性能力描述之后。这样的调整，符合语言学习和描述的习惯。

6. 对我国语言教育的启示

欧框（二）虽然有不少新的内容，但还是遵循欧框的理念，即"以行动为导向"的教学指导思想、语言和文化多元化的原则、语言交际能力为主的等级描述。在此理论框架下，欧框（二）对欧框进行了较大幅度的修改和补充，这得益于公布后各地反馈的使用信息，也说明了欧框具有较强的生命力。欧框（二）的变化对我国的语言教育有诸多启发。

6.1 加大手语研究力度

增加手语能力的描述是欧框（二）的一个重要变化，它为我国的聋人以及其他特殊群体的语言教育提供了重要的参考价值。目前世界上约有7 000万聋人，我国有2 000万左右，他们的语言和文化不为健听人所了解，双方无法顺利沟通，导致其很难融入主流社会。解决这一问题的主要方式是提高聋人的教育水平。《国家中长期教育改革和发展规划纲要2010—2020》(2010)指出："特殊教育是促进残疾人全面发展、帮助残疾人更好地融入社会的基本途径。"《第二期特殊教育提升计划（2017—2020年）》(2017)提出："要全面推进融合教育。"教育和融合必须通过语言，聋人和健听人融合的最主要障碍就是语言和文化。采用何种语言进行教育一直是重要的议题，即手口之争。欧框（二）把手语纳入语言框架,给了我们一个信号——手语应该纳入我国的语言教育。我国的语言学界应加大对手语的研究力度,使手语成为语言、文化多元化的一部分。

6.2 语言作为中介

欧框(二)重申并明确了语言中介活动的定义,并对中介等级能力进行了描述。可以说,该变化使国内学者对中介有了新的认识。从个体人的视角看,语言是思维的中介,思维依靠语言进行。从社会文化的视角来看待语言时,其会成为人与人之间的中介。维果茨基(Vygotsky)(1978)认为所有形式的高级(人类)精神(认知和情感)活动(包括英语学习),均是以由文化构建的物质和(或)符号的工具作为中介的。物质工具指电脑、桌椅等,符号工具指数字、艺术形式、图表等,最重要的符号工具则是语言。语言学习是精神过程,也是认知过程,更是一个社会化过程。社会和谐需要语言作为中介。黑格尔首次把中介作为一个哲学概念引入他的思辨哲学中,他认为中介与"直接性"相对,是指事物之间或者过程之间的间接联系(王汶成,2002)。王汶成(2002)认为中介的概念在所有的辩证论者那里都占有重要位置,没有中介就没有世界万物之间的普遍联系,就没有差异和对立面的转化与统一,就没有事物的运动发展过程。那么,语言中介活动成为了人类沟通交流的基础,符合欧框(二)把语言学习者看作社会人,以交际能力为培养目标的理念。

6.3 语言、文化多元化

欧框(二)的语言、文化多元化的能力描述对我国的语言资源保护具有重要的启发意义。我国是一个多民族、多语言、多文化的国家,需要保护语言的多样性,以保护我国的文化资源。2018年9月19日至20日,首届世界语言资源保护大会在湖南省长沙市召开,国家语委主任杜占元在主旨报告中指出:"语言是人类社会重要的基础性资源,延续着各个国家和不同民族的精神血脉。中国将大力推广和规范使用国家通用语言文字,科学保护各民族语言文字,发展语言教育,完善语言服务,传承语言文化。"(教育部,2018)教育部长陈宝生在闭幕式发言中指出,保护语言多样性是保护文化多样性的前提,维护语言多样性就是保护人类不可再生的文化基因。他提出"四个加强"来保护语言资源:加强语言交流互鉴、加强语言文化教育、加强方法手段创新、加强资源合理利用(中国社会科学院语言研究所,2018)。

刘丹青(2018)提出:差别化政策是语言保护工作的迫切要务,从幼儿园到大学,校园的课间、课外都应提供方言交流的空间,去除暗示方言不文明的各种宣传标语口号。在继续提升普通话能力的前提下,对方言能力、外语能力的提升,也要采取积极鼓励的态度和措施,建设以通用语言文字为主导的健康有序的多语言社会。

笔者认为,语言多样性的保护首先要具备语言多元化的理念,让社会成员能够具备使用多种语言进行有效交际的能力。语言在使用中体现了其存在的价值,只有多语言的使用得到认可,语言的多样性才能得到传承和保护,从而实现文化多元化,保护文化的多样性。

6.4 制定语言能力量表

欧框(二)对我国语言能力量表的研制具有重要的参考价值。不但要制定汉语和英语的能力量表,也要制定方言和其他语言的能力量表,即把方言、手语的使用也纳入考核的范围。这样不但能使方言和手语等得到认可,也会使方言和手语的教学及研究有据可依,和汉语、英语的教学一样得到规范。

7. 结语

欧框自出版发布以来,被欧洲各国作为实施语言教育的统一标准,也对世界的语言教学产生了积极影响。但作为一个项目的研究成果,由于人力、经费以及认识所限,欧框还存在不足之处,如描述语不足、部分描述语措辞不科学等。经过近 20 年的努力,欧框原项目组再次争取项目资助,出版发表了较多的著作和论文,如 Barrett, M. et al. (2014),Lewis, G. et al. (2012),North, B. (2014)等,这些成果对欧框进行完善,使欧框(二)得以成稿出版。欧框(二)是欧框的姊妹版,两者结合可对现代的语言教育提供指导作用。

但是,国家不同,语言教育的实际情况各异,我们可以参考、借鉴欧框(二)来提高语言教育水平,却不能一味照搬。因为,欧框(二)还需要继续完善,如部分等级的描述语,特别是 C1、Pre-A1 部分还是空白,对于听障、语障人士等特殊群体的语言教育还需要继续关注等。期待世界各国和地区都会有自己的语言教育框架,以此加强彼此语言文化的交流,促进世界的和谐发展。

参考文献:

1. 傅荣,2009,《欧洲语言共同参考框架》要点述评及其对我国高等学校专业外语教育的借鉴意义[J],《中国外语教育》(3)。
2. 教育部,第二期特殊教育提升计划(2017—2020 年)[EB/OL].http://www.moe.gov.cn/srcsite/A06/s3331/201707/t20170720_309687.html. 2017。
3. 教育部,国家中长期教育改革和发展规划纲要(2010—2020)[EB/OL].http://old.moe.gov.cn/publicfiles/business/htmlfiles/moe/info_list/201407/xxgk_171904.html. 2010。
4. 教育部,首届世界语言资源保护大会在长沙开幕[EB/OL].http://www.moe.gov.cn/jyb_xwfb/gzdt_gzdt/moe_1485/201809/t20180920_349502.html. 2018。
5. 联合国,残疾人权利公约[EB/OL].http://www.cdpf.org.cn/zcfg/content/2001-11/06/content_74429.htm. 2006。
6. 联合国,联合国第 72 届决议[EB/OL].http://www.un.org/zh/events/signlanguagesday/. 2017。
7. 刘丹青,差别化政策是语言保护工作的迫切要务[EB/OL].http://www.360doc.com/content/18/0922/21/38359916_788825936.shtml. 2018。

8. 王汶成,2002,文学语言中介[M],济南:山东大学出版社出版。
9. 中国社会科学院语言研究所,首届世界语言资源保护大会在长沙召开[EB/OL].http://ling.cass.cn/xszx/xszx_xshy/201809/t20180925_4569054.html. 2018。
10. 邹申、张文星、孔菊芳,2015,《欧洲语言共同参考框架》在中国:研究现状与应用展望[J],《中国外语》(3)。
11. Barrett, M., Byram, M., Lázár, I., Mompoint-Gaillard, P. & Philippou, S. 2014. *Developing Intercultural Competence Through Education* [M]. Strasbourg: Council of Europe.
12. Council of Europe. 2001. *Common European Framework of Reference for Languages: Learning, Teaching, Assessment* [M]. Cambridge: Cambridge University Press.
13. Council of Europe. Common European Framework of Reference for Languages: Learning, Teaching, Assessment. Companion Volume with New Descriptors [EB/OL], https://rm.coe.int/cefr-companion-volume-with-new-descriptors-2018/1680787989. 2018.
14. Lewis, G., Jones, B. & Baker, C. 2012. Translanguaging: Developing its conceptualisation and contextualisation [J]. *Educational Research and Evaluation* 7.
15. North, B. 2014. *The CEFR in Practice* [M]. Cambridge: Cambridge University Press.
16. Stokoe, W. 1965. *A Dictionary of American Sign Language on Linguistic Principles* [M]. Washington D. C.: Gallaudet University Press.
17. Vygotsky, L. S. 1978. *Mind in Society: The Development of Higher Psychological Processes* [M]. Cambridge: Harvard University Press.

作者简介:王正胜,男,天津理工大学教授,博士,硕士生导师,研究方向:语言教育。电子邮箱:wzs70@163.com。

采撷语言工作硕果,谱写政策时代新篇

——《新中国语言文字工作论》读后

大连外国语大学　曲娟,周玉琨

摘要:关彦庆、关亦淳所著的《新中国语言文字工作论》从语言文字工作的功能具有社会性、发展具有阶段性、理论具有范畴性三个方面论证了我国语言文字工作的应用理论模型;从语言文字法规的重要作用和社会效果两个方面总结了新中国语言文字工作的成果;从"一带一路"语言政策规划、孔子学院建设等外向型语言文字工作预测和新农村语言文字工作三个方面明确了未来语言文字工作的方向。

关键词:《新中国语言文字工作论》;应用理论模型;语言文字工作成果;语言文字工作方向

1. 引言

我国语言文字研究的历史十分悠久,秦代的"书同文"不仅仅是文字的统一,而且成为"商周以来从部落国家的'华夏'向疆域国家的'中国'的转变,使得依据成文法令的统一治理成为真正的政治选项。"(苏力,2013)汉代《尔雅》《说文解字》《方言》等著作的问世,成为汉语言文字管理及应用里程碑式的成果,具有语言文字工作划时代的意义。新中国成立后,我国十分重视语言文字工作。改革开放后,《中华人民共和国国家通用语言文字法》等法规的制定和推行,推动了国家通用语言文字的规范化、标准化及其健康发展,在社会生活中发挥了积极作用。

随着我国经济的迅猛发展、国际地位的不断提高,汉语国际推广事业蓬勃发展、蒸蒸日上,我国进入了社会主义建设的新时代。这就要求语言文字工作要适应时代发展的需要,既要积极做好理论研究工作,又要服务好语言文字的广泛应用。李宇明(2016)指出:"随着时代的发展,越来越多的语言问题上升到战略层面。哪些语言问题能够上升到战略层面,与不同的国情和时代相关,也与语言战略研究的水平和社会的'语言自觉'相关。"在新中国成立70周年前夕,一本描述新中国语言文字工作历时发展和共时建设的著作《新中国语言文字工作论》(关彦庆、关亦淳,2018)(下文称《工作论》)悄然问世。

2. 提出了语言文字工作应用理论模型

《工作论》用翔实的历时材料和丰富的共时案例,论证了语言文字工作与国家经济社会的同步发展、互动发展。作者提出的"试图建立一套描写、分析和解释语言文字工作的理论模型"丰富了应用语言学的内涵,具有一定的理论意义和现实价值。语言文字工作理论模型表现在功能的社会性、发展的阶段性和理论的范畴性三个方面。

2.1 语言文字工作的功能具有社会性

语言文字工作功能的社会性是其基本功能,这是由语言的社会性和语言文字工作的社会性所决定的。比如,1951年6月6日《人民日报》发表了《正确地使用祖国的语言,为语言的纯洁和健康而斗争!》的社论,指出语言的使用是社会经济、政治、文化、生活的重要条件,是每人每天所离不了的。新中国成立初期,中国文字改革委员会的成立,现代汉语规范问题学术会议的召开,全国报刊实行的横排横写,《汉字简化方案》等的公布,《新华字典》等各种语文类工具书的出版发行,都受到了社会的较高评价,在语言文字规范方面起到了积极作用。改革开放后,《现代汉语词典》等的多次出版发行,普通话水平测试的展开,汉语水平考试(HSK)等的强力推行,扩大了汉语言文字的应用范围,助推了"中华文化走出去"战略的实施。

2.2 语言文字工作的发展具有阶段性

经过近70年的历时发展,国家的经济社会建设日新月异,语言文字工作的发展也呈现了几个不同阶段。第一阶段以文字为主,制定并推行汉语拼音方案,主要包括扫除文盲、方言普查、推广普通话等;第二阶段以语言为主,主要有语言文字信息化、普通话水平测试、推普周等;第三阶段以国家语言安全为主,包括城市语言工作评估、提升语言文字能力、保护国家语言安全、语言资源保护工程等;第四阶段为助推国家走向世界为主,主要有海外汉语国际推广、"一带一路"语言服务等。我们认为,语言文字工作的阶段性是其规律的反应,它丰富了语言政策理论,具有重要的理论意义和现实的指导意义。

2.3 语言文字工作的理论具有范畴性

语言文字工作理论的范畴性表现为语言政策本体论、应用论和效果论,因此,从定位论、结合论和模式论角度集中讨论新中国语言政策应用问题是《工作论》的一大特点。作者首先从历时定位、共时定位和制约定位三个视角论述了语言文字政策的应用问题。作者指出,语言文字工作定位表现为新中国成立初期的前提性、基础性定位;改革开放后的服务性、保障性定位;21世纪以来的创新性、引领性定位。在共时定位的讨论中,内容上由学术性向通俗性转变,管理上由强制性向服务性转变,思路上由封闭性向开放性转变,态度上由被动性向主动性转变。在制约语言文字工作科学定位因素的讨论中,作者认为教育发展水平越低对语言文字工作的科学定位的决定性作用越大,发展水平越高对定位的决定性作用越小。科技文化水平是语言文字工作发展到高级阶段决定语言文字工作科学定位的因素,人口流动的方式和范围是国家政策的风向标,是分析国家语言政策的重要因素。关于结合论,如汉语词意识与词式书写的结合,作者认为"词意识是言语能力,词式书写是语文能力,词意识与词式书写之间不是因果关系"(关彦庆、关亦淳,2018:221)。关于模式论,作者认为新中国语言本体规划有政治干预模式、经济拉动模式、法律管理模式、科技文化引领模式;语言地位规划模式有认同模式、强推模式、协商模式和培育模式。作者认为模式论的创新意义在于"语言规划模式是对语言规划规律的科学认识。规律具有客观性,模式具有主观性;规律具有必然性,模式具有创造性。"(关彦庆、关亦淳,2018:159)语言文字工作的理论范畴十分广泛,从应用角度出发提出新的思路是我们能够认同的,这也反映了作者的独特视角和创新认识。

3. 总结了新中国语言文字工作成果

3.1 充分肯定了语言文字法规的重要作用

李宇明(2009)指出:"在国人的百年努力中,特别是新中国60年的语言文字工作中,建立了现代汉语、现行汉字的基础性标准体系,开辟出信息等领域语言文字标准的新作业场,为构建和谐语言生活,为促进社会进步,做出了巨大的历史性贡献。"《工作论》扼要总结了新中国成立以来的各项语言文字工作,各项法规制度的实施推行着墨颇多。作者以吉林省推行汉语拼音方案为例,具体描述了《汉语拼音方案》在扫除文盲、推广普通话中所取得的成果。作者认为《汉语拼音方案》是我国语言本体规划的重要成果,它主要解决了准确地给汉字注音和拼写普通话的问题,对提高劳动者的文化水平、推动社会主义建设起了重要作用。在对外汉语教学过程中,汉语拼音成为汉语作为第二语言学习者听、说、读、写能力迅速提升的重要工具。再如,2000年10月31日,第九届全国人民代表大会常务委员会第十八次会议审议通过了《中华人民共和国国家通用语言文字法》,这是中国第一部语言文字方面的专门法律。《中华人民共和国国家通用语言文字法》发布以来,深刻地影响着公民的语言价值观念,使中国的语言文字生活发生了巨大的变化,产生了深远的社会影响。2000年11月2日《人民日报》发表社论指出,国家通用语言文字法的颁行,标志着我国国家通用语言文字的使用将全面走上法制的轨道,对促进祖国统一、民族团结、社会进步具有重要意义。

3.2 语言文字工作收到了较好的社会效果

扫除文盲、推广普通话、普通话水平测试等工作是新中国成立以来的重大语言文化决策,也是内向型语言规划的经典范例。作者以吉林省为例,用大量的、丰富的、具体的材料描述了包括扫盲在内的语言政策贯彻落实的历程。扫除文盲不只是识字问题,它是开启民智、走出愚昧的开始。自1994年10月由原国家教委、国家语委、广播电影电视部联合发出《关于开展普通话水平测试工作的决定》以来,我国共有 3 000 多万名教师、播音员、节目主持人、国家公务员和公共服务行业员工获得了普通话等级证书,国家级、省级测试员数量将近 5 万人。普测已经成为推广普通话工作的重要组成部分,产生了广泛的社会影响。语言测试从表面看是对语言文字工作效果的评估,从实践层面看,是语言管理的深入,是对国家官方语言认同的强化。此外,《工作论》还揭示了普通话与方言的和谐共存关系,作者以吉林方言为例论证了推广普通话与方言特点的保持,认为"音节尾音下沉是吉林方言的重要特征。尾音下沉与音节整体调值低互补形成吉林方言重要的语音特色。普通话与方言的竞争不是两个语言系统的竞争"(关彦庆、关亦淳,2018:92)。正如《语言文字应用》编者按(2009)指出的那样,"语言文字工作作为国家文化建设事业的重要组成部分,伴随着中国特色社会主义事业的伟大历史进程和改革开放的发展步伐,取得了很大成绩,为我国政治稳定、经济发展、教育普及、文化繁荣、民族团结、社会进步做出了重要贡献。"

4. 明确了未来语言文字工作的方向

4.1 "一带一路"语言政策规划

随着中国开始走向世界舞台,国家的发展有了全新布局,语言文字工作也迎来了由内向型向外向型转变的全新发展机会。"随着'一带一路'开放合作的'朋友圈'不断扩大,语言在服务互联互通、会通中外思想、超越文化藩篱、推动文明创新、促进人文交流等方面的重要价值愈发凸显。面向'一带一路'建设,中国语言规划正面临五大任务"(沈骑,2017)。"一带一路"建设是新中国新世纪最具国际影响力的国家发展战略,是一项复杂的系统工程,它协同国家之多、辐射领域之广、涉及人群之复杂、追求目标之高远,都需要语言工具穿针引线。"一带一路"沿线 60 多个国家的语言数量达 1 000 多种,仅国语或官方语言就有近 60 种,这给我国语言智库的语言资政研究和语言服务研究提出了非常艰巨的任务,单一智库很难胜任。但是,"'一带一路'语言国际化战略目标尚未明确,中文国际化政策尚待清晰,急需从推进中国特色大国外交的战略高度制定'一带一路'语言战略规划和行动方案"(梁昊光、张耀军,2018)。《工作论》提出了"一带一路"建设的总体语言规划和顶层设计的建议,即使用引导认同的语言地位规划模式,促使汉语成为沿线国家重要的中介语言。"一带一路"语言在建设方面需要注意语言战略问题、人才培养问题和语种选择问题,其文字工作的科学研究主要包括建立语言研究机构、召开学术会议、开展科研立项、发表学术论文等,其政策规划仍需进一步探讨。

4.2 孔子学院建设、对外汉语教师能力培养及外向型语言文字工作预测

2002 年国家汉办成立,2004 年开始在海外设立孔子学院,截至 2019 年 6 月,全球已

有 155 个国家(地区)设立了 539 所孔子学院和 1 129 个孔子课堂①。孔子学院致力于汉语国际教育和中外文化交流,是促进国家之间经济、文化交流的重要辅助力量。孔子学院的汉语教学既包括汉语口语教学,也包括汉语书面语教学,它们都涉及汉语的标准与规范问题,既涉及本身,又涉及应用。制定标准与规范的宗旨是为学习者、使用者服务。孔子学院的汉语教学具有平台的联结性、认识的递升性、功能的拓展性、方式的开放性、效益的多元性等特点,它是外向型语言文字工作的一部分。《工作论》以在俄罗斯布里亚特国立大学孔子学院的工作实践为例,具体论述了外向型语言文字工作发展应遵循前提性、基础性,服务性、保障性,创新性、引领性三个阶段的定位规律。根据当前孔子学院语言文字工作特点判断,我国的外向型语言文字工作正处于前提性、基础性定位向服务性、保障性定位的转型期。《工作论》对对外汉语教师的职业能力也进行了较为全面的思考,认为对内与对外的汉语教学不同,职业能力的形成与发展涉及很多因素,管理部门重视计划的制定与实施是根本,个人重视是出发点也是落脚点。对外向型汉语教师职业能力培养认识的水平决定我们能培养出什么水平的准对外汉语教师。加强准对外汉语教师职业能力培养,一要强化培养目标与课程结构的一致性,二要突出反思性教学训练。按照对内向型语言文字工作的阶段性认识,《工作论》预测外向型语言文字工作应该经历前期铺路搭桥、中期服务保障、后期创新引领的循环递升的发展模式。作者关于语言文字工作的这种认识,可以成为判断语言文字工作进程的一个依据和制定语言政策的一个参照。

4.3 新农村语言文字工作

2016 年发布的《国家语言文字事业"十三五"发展规划》提到,将提升农村地区普通话水平贯穿全面建成小康社会决胜阶段的全过程,对民族地区及农村、边远、贫困地区推行和普及国家通用语言文字给予经费倾斜。《工作论》认为,在农村,治理语言文明重于治理语言规范。作者从实际效果出发,指出了我国的语言文字工作城乡有别,工作重点和切入点应该体现差异性。《工作论》提出,应该进一步明确涉及我国农村语言文字工作的政策,以因地制宜为指导,以结合生产、生活实践为目标,使语言文字工作落地生根,促进语言文字法规体系的不断完善,深入贯彻《国家通用语言文字法》;加强语言文字工作队伍建设,提高农村语言文字工作的管理能力和水平;加强理论研究,探索在农村开展语言文字工作的模式,提高针对农村的语言文字服务能力和水平,逐步纠正语言文字使用的不规范现象,提高国家通用语言文字普及程度和应用水平;做好农村学校的语言文字工作,进一步加强对学校语言文字工作的检查和监管力度,这是做好农村语言文字工作的根本。

---

① 数据来源:孔子学院总部,关于孔子学院/课堂[EB/OL]. http://www.hanban.org/confuciousinstitutes/node_10961.htm.。

5. 结语

《新中国语言文字工作论》以国家语言文字工作成果为基础,以个人研究和语言文字工作的个案为观察点,试图建构语言政策理论架构,论述语言文字工作的应用领域,这种以小见大,勇于探索的精神十分可贵。然而,由于以点带面和选取角度受限的原因,语言文字工作宏观把握还有待进一步加强,如外来字母和词语使用、网络词语规范、繁简字之争等新时期新媒体形势下的语言文字工作涉及不多。另外,《工作论》写作思路清晰,结构紧凑,但目录中节次表述稍长,且带有副标题,使观点普遍打了折扣。然而,瑕不掩瑜,著作提出的见解和想法为当今乃至今后的我国语言文字工作提供了有益的借鉴和参考。笔者浅陋,著作精髓未必领会,文中不当处还请作者和各位专家、同行指正。

参考文献:

1. 关彦庆、关亦淳,2018,新中国语言文字工作论[M],长春:东北师范大学出版社。
2. 纪念新中国成立60周年笔谈——编者按[J],《语言文字应用》(3)。
3. 李宇明,2009,语言文字标准60年[J],《语言文字应用》(3)。
4. 李宇明,2016,关注语言生活[J],《语言战略研究》(1)。
5. 梁昊光、张耀军,2018,"一带一路"语言战略规划与政策实践[J],《人民论坛·学术前沿》(10)。
6. 沈骑,2017,"一带一路"倡议下中国语言规划的五大任务[N],《光明日报》,2017年5月7日第12版。
7. 苏力,2013,文化制度与国家构成——以"书同文"和"官话"为视角[J],《中国社会科学》(12)。

作者简介:

曲娟,女,大连外国语大学副教授,研究生导师,研究方向:中文,对外汉语教学。电子邮箱:qujuanyishi@163.com。

周玉琨,男,大连外国语大学教授,研究生导师,研究方向:汉语言文字学,对外汉语教学。电子邮箱:zhouyukun2002@sina.com。

《大众文化、话语及语言多样性——线上线下的年轻人》述评

四川天一学院 吴 佳

提要：目前,针对欧美国家言语社区的研究已经相当成熟,但还鲜有较系统地关于亚洲边缘国家的语言生活,尤其是梳理年轻人语言情况的著作。2018 年,由 S. Wright 和 H. Kelly-Holmes 担任主编,Springer 出版公司出版的《大众文化、话语及语言多样性》以蒙古国和孟加拉国为背景,基于"超语框架"对年轻人的语言使用进行了深入观察,其经验可以丰富全球化的社会语言学研究,并更好地描述、解释和预测网络时代的言语模式与行为发展。

关键词：语言多样性;大众文化;超语框架;超语转向

1. 引言

在当前国际政治格局和社会发展背景下,界定和划分社会群体变得困难,民族语言在不同领域中的主导地位开始动摇,人口跨境流动影响的不再只是精英阶层,语言使用模式在不断更新。在这样的大环境下,由 S. Wright 和 H. Kelly-Holmes 担任主编,Springer 出版公司出版的《语言与全球化》系列丛书应运而生。该系列相继出版了 32 本著作,旨在提供一个框架以呈现和分析全球化及本地化的语言结果,话题涵盖多语主义、种族研究、语言与文学、移民、区域文化研究、历史语言学、语言政策与规划、语言教学、语言人类学等。本文选择了该系列最新出版(2018 年)的合著著作《大众文化,话语及语言多样性——线上线下的年轻人》(*Popular Culture*, *Voice and Linguistic Diversity*: *Young Adults On- and Offline*)。书中 Sender Dovchin,Alastair Pennycook 和 Shaila Sultana[①] 三位语言学家将目光转向亚洲的蒙古国和孟加拉国,为从事社会语言学、文化研究和语言人类学研究的学者提供了一个新的视角,读者可以借此窥探语言全球化的区域性成果。

---

① Sender Dovchin,日本会津大学语言研究中心副教授,主要研究全球化背景下年轻人的语言教育;Alastair Pennycook,澳大利亚悉尼科技大学教授,主要关注英语的全球传播、批判性应用语言学、语言和流行文化、语言意识形态等;Shaila Sultana,孟加拉国达卡大学现代语言研究所教授,她关注语言和身份认同,以及英语在后殖民国家的历史和社会文化意义等。

2. 内容简介

作者通过流行文化的多种类型,包括音乐、电影、体育和网络文化,调查了蒙古国和孟加拉国年轻人的语言习惯,尤其是其在在线和离线环境中的语言实践,着眼于全球化背景下,他们如何通过利用各种语言和文化资源在互动过程中完成创新性的超语言交际。

本书 65 位研究参与者均来自蒙古国乌兰巴托国立大学和孟加拉国达卡大学,年龄为 17—29 岁。作者截取这些学生日常对话和网络交流片段,尝试探索他们在个人和集体生活中的语言、文化多样性,帮助读者理解年轻人在易变的世界中的位置。文中有些数据和讨论虽在作者之前的论文中有所呈现,但大量的实例仍然发人深省,引人入胜。书中的语境是线上和线下对话、发帖、评论、聊天交织在一起的世界,当下年轻人的"在线"生活(脸书、博客、微信、视频等)已然是日常生活的一部分,与"线下"生活没有明显界限。这群和新科技一同成长的年轻人是大众文化的消费者,音乐、电视剧、电影不仅是他们无聊时的消遣,更是他们的平常生活。这正是作者选取大众文化这个侧面展开其对年轻人语言实践影响调查的原因。

全书共有 8 章,第一、二章围绕语言、文化和跨语言实践展开;第三至七章主要分析流行音乐、电影、体育、网络文化对年轻人话语混用的塑造和影响;第八章从语言教学的角度,提出研究者不该再从语码转换的角度看待跨语言的使用,而应把超语实践作为规范。

第一章介绍了全书的视角,即年轻人言语行为的三个特殊方面:1. 使用、混合、创造语言的方式;2. 语言资源多样,即怎样从大众传播的流行文化中借用声音、图像和语言充实自己的"语库"并完成语言创造;3. 这些关系如何在亚洲得到发展。进而提出问题:在什么背景下,谁在玩弄语言和文化?

作者举了两个例子,第一例主人公 Altai 在社交软件脸书(facebook)上上传了一张朋友照片,用罗马字母组合土耳其语和蒙古语做标题,并附英语短语(love n miss)以示喜欢。基于 Altai 的学习及生活背景,她经常混合使用韩语、法语、英语、蒙古语、土耳其语等发布社交动态。关于这类语言混用现象,作者的观点之一是:与其认为语言使用者在语言实践中使用某种语言是与源语言联系在一起,倒不如说这是年轻人在利用已经混合的文化和语言资源(Dovchin,2015)。对他们来说,语言和其他符号资源以一种非常随意的方式结合在一起。除了以往主导性的英美文化,这些资源也可能来自韩国、日本、中国和亚洲其他国家和地区。作者的目的不是比较两国年轻人的语言使用,而是企图挖掘这类语言消费者如何成为各种文化和语言的参与者。

现代社会"中心—边缘"的二元结构已经不再适合全球关系,"全球文化经济必须被视为一个复杂、重叠、脱节的秩序,这不能再用现有的'中心—边缘'模式来理解"

(Appadurai,1996:32;cf. Appadurai:1990、2000)。作者也借此表达了对菲利普森(Philipson)"语言帝国主义"①的反对,并认为我们需要认真对待 Blommaert(2010)提出的从"各种规模和各种中心同时发展的复杂多变的分层过程"的角度来看待全球化的社会语言学。

另一例中有年轻人借用西方电影和歌曲中的语言,并混合使用孟加拉语。作者表示:英语在大众文化和城市青年文化中扮演重要的角色,给人一种城市或全球的感觉。然而,这些英语资源可能同样将人置于一个分层世界中。语言和全球化是"世界文化同质化"(the homogenization of world culture, Phillipson,1996)的过程,以脸书为例:更新动态是一个"重新语境化"②或"重新符号化"的过程。在某些语言和文化全球性统治的过程中,我们是否应该认真对待大众话语及其塑造模式,如果认真对待,应该如何思考它们的含义。这也是本书的核心问题:如何理解语言、大众文化和身份的交织方式? 如何理解年轻人与大众文化接触的方式? Sultana 和 Dovchin(2017)指出,大众流行文化"不仅是娱乐的来源,也是借用话语的一种手段,年轻人用以丰富他们的语言实践"。

在接下来的章节中,作者分别讨论了大众文化的特殊领域,详细阐述了许多主题。第二章提出了"跨语言"(transglossia)概念,这是贯穿全书整体分析框架的基础。"跨语言指的是双语和多语社会中流动的,但也是稳定的语言实践,它质疑基于民族意识形态的传统描述"(Garcíia,2014:108)。而 Canagarajah(2013:6)认为"超语"(translingual)一词强调范式转变的两个重要方面:一方面"交流超越了个别语言",另一方面"沟通超越了文字",即人们调动语言资源中的"语库"(repertoires)及多模态的符号资源,而不是用某一种特定的语言或文字来完成交际。在 Blommaert(2013:621)看来,最近社会语言学的转变——后 Fishmanian 主义——正在重新定位对语言文化和身份的思考,语言应被视为使交际中使用的符号资源更丰富、更多面的配置之一,对时间、空间和移动语境的理解应该更灵活。Garcíia 和 L. Wei(2014:19)认为我们正面临"超语转向"(translanguaging turn)。这也可以用巴赫金(Bakhtin)的"众声喧哗"(heteroglossia③)来解释,他认为,"我们的话语,就是我们所有的话语,其中也充满了其他人的话语"(Bakhtin,1986)。这个想法在大众文化研究中特别突出,正如作者在接下来的章节中阐述的,年轻人经常接受他人的声音

---

① "语言帝国主义"(Linguistic Imperialsim)一词由英国应用语言学家罗伯特·菲利普森(Robert Phillipson)在其著作《语言领域的帝国主义》(1992)中首次提出,随后也有诸多相关著作相继出版。在这个框架下,以英语为母语的国家归类为核心英语国家,把以英语为第二语言或外语的国家归类为周边英语国家。英语被视为新自由主义经济政策和西方文化侵略的帮凶,经常侵占其他语言的空间,其中也包括一些中等规模的欧洲语言。

② Facebook(脸书)上的重新语境化指一段文本从其最初的使用环境中提取出来,并重新插入另一个完全不同的环境中,这涉及不同的参与框架、不同类型的文本,例如,整个文本可以被浓缩成一个引用——最终也是意义非常不同的结果。

③ heteroglossia 强调的是话语的异质性(heterology)特征,通常也被称为"众声喧哗"或"复调"理论。"喧哗"不仅代表了不同语言共存与冲突的状态,也象征着当代社会文化的多元与非固定性特征:众多各自独立而不相融合的声音与意识有机地交错在一起,彼此平等地相互讨论、争辩所构成的景观。

和话语,这具有重要的语言和文化含义。

"跨语言框架"将跨语言取向(质疑不同语言之间的区别)和异语取向(关注语言中的差异、多元性、语音和差异性)结合在一起。它允许我们对年轻人的各种符号学实践进行严密的文本分析,同时探索这种语言混合使用对从流行文化中提取不同声音表达不同立场的影响。"跨语言框架"允许作者在多个层面上调查语言实践:年轻人在在线和离线环境中的语言实践,是跨语言、跨形式、跨文本的,通过收集多种语言资源,可以更广泛地观察不同意识形态和话语立场下的阶级和性别背景。

第三章探讨了以流行音乐为导向的文本(歌词、艺术家的名字和头衔、采访、关于艺术家个人生活的流言蜚语等)是如何由语言使用者进行跨语言创造和重组的。作者特别关注年轻人如何参与音乐流派,同时结合各种音乐表演,分析他们语言的真实性。流行音乐及其语体风格是流行文化的重要资源,它以多种方式丰富了年轻人的语言创造力。以香港流行音乐为例,音乐家觉得英语比粤语更适合写歌词。

本章还讨论了"真实性"(authenticity)对流行音乐社会的重要性。真实性问题在整个社会语言学中占有重要地位,并在流行音乐中有着特殊的意义。不过从年轻人的角度看,他们使用的语言是文化或音乐表达的真实形式,而从社会语言学出发,文化表演不一定是真实的语言使用。这些年轻人跨语言实践的核心是混合,这让我们对如何通过大众文化提供多样的文化、语言资源、声音,并成为这些年轻人日常表现的一部分有了深刻的认识(Dovchin,2015、2017a、b)。

本章中对两国年轻人一系列离线/在线对话的仔细分析表明:流行音乐流派和资源可能对音乐消费者跨语言使用发挥重要作用。流行音乐"创造了一种加密的、微妙的青年文化,其成员即使不跨越语言障碍也能相互认可"(Osumare,2007:18)。

第四章考察了年轻人日常语言实践中重新定位各种电影模式和语言资源时的跨语言实践。说话者参与"电影讲述",通过模仿电影、漫画等来展示和再现意义。一个典型例子是蒙古国的年轻人用日本"武士"风格讲话;还有孟加拉国的年轻人在在线环境中使用各种手段重现印地语和孟加拉语电影中的说话方式。

本章的另一个主题是从属关系,认为年轻人参与大众文化并不一定意味着对文化形式或其提供者的任何依恋。电影资源可能会转变成一种我们称之为"电影式"的说话方式,电影资源承载着社会、文化和政治建构的意义、预设、价值观和意识形态。来自不同社会经济、教育和人口背景的年轻人利用电影资源进行特定方式的交际,有时这些资源会成为展示幽默、诙谐、滑稽和团队合作的手段。他们对语言和文化资源的"挑选"和"混合"并不一定是根据他们的兴趣和观看体验来进行的。

本章中两国的年轻人在日常语言实践中积极使用电影中的各种模式以及语言和文化资源。他们对这些资源的使用和从属关系受到他们对意识形态内涵的敏锐意识的影响。

孟加拉国的研究参与者反复表达他们对孟加拉国和印度文化资源的保留,尽管他们经常利用这些资源来戏弄夏娃或戏剧性地表演他们生活中的各种事件。

第五章是关于体育是如何代表年轻人日常语言生活的主要部分。从孟加拉人对印度板球明星的迷恋,到蒙古学生对日本相扑术语的使用,这些联系既有文化意义,又有语言意义。他们在积极为喜爱的运动团队或运动员欢呼的同时,也在重新定位与运动相关的语言和符号资源。研究表明,孟加拉国和蒙古国的体育运动经常与年轻男子的日常活动联系在一起,对男子气概的具体表现产生影响。年轻男性将各种体育相关的语言资源重新本地化,作为其性别和群体团结的一部分。因此,对体育运动的跨文化参与成为产生男性群体认同的语言和文化矩阵的关键场所。正如在前几章中展示的,音乐和电影成为基于语言、社会经济和人口背景的群体联系和脱离的工具。同样,体育运动也让年轻人在更广泛的社会讨论中对工作中的相似性、差异性、亲密性和竞争性有了不同的认识。

作者在本章中的实例分析表明,体育(和其他类型)是大众流行文化和跨语言交流之间互惠关系的一部分。在日常语言实践中,围绕运动事件产生的运动术语、引用、模仿和台词会被重复使用。年轻男子通过男性互动重新塑造了男人的意义,从而强化了他们的霸权男性气概。第五章还指出,大众文化是一种建立同伴关系和群体身份属性的手段。在这里,参与者用语言和文化维护团结或与其他团体保持距离。如同一群体的人共同了解海绵宝宝,了解科幻电影中的场景、肢体语言和风格的设定,他们的社会关系和集体身份由大众文化构建、维持和培养。

第六章侧重年轻人的跨语言行为,以及他们对各种网络文化资源的参与,包括互联网及其他新形式的网络交流,如在线社区、社交媒体、短信、聊天和电子邮件。网络语言不仅局限于在线环境,还可以延伸到离线环境,因为年轻人的脸书、推特和标签化的生活很容易在不同的模式之间交叉。本章以网络为中心的跨语言实践向我们展示了一些数据,显示出年轻人之间不一致、不平等和资源分配不均等现状。

在这章中,作者试图通过整合"不平等获取资源"(unequal access to resources)的概念来扩大目前对"跨语言实践"概念的讨论,以此来理解不同资源在年轻人跨语言实践中的传播和作用。尽管蒙古国和孟加拉国在地理上属于边缘国家,但这些国家的年轻人的网络跨语言实践从本质上来说是多样化的,这些资源以各种形式和风格呈现,并以罗马化/音译蒙古语和孟加拉语的形式本地化。然而,也有一些特殊的地方限制,会限制或扩大他们的网络跨语言实践,其中一些最重要的分歧与社会声望、财富和权力的差异有关。说话者不同的社会经济地位有助于我们认识到,跨语言实践是复杂的、不均衡的、不平等的,年轻人根据社会经济差异的划分,创造他们自己的语言和文化文本。

此外,正如作者在本章中所展示的,我们并不总是认为年轻人的语言资源和社会经济状况有关。由于人在全球信息流中是移动的,他们可以使用全球流通的术语,这使得他们足以打破社会经济和语言资源之间的线性关系,并在群体中拥有自己的地位,对抗那些在物质财富方面比他们更有特权的人。

为了更好地理解大众流行文化类型中的多种代码、模式和资源所创造的语言的流动性和动态性,作者在第七章中提出,关注年轻人从不同类型中汲取的文化和语言资源——语言和文化干扰——也很重要,并进一步强调,年轻人不仅大量借鉴不同流行文化类型,还大量借鉴日常生活中的其他文化类型,进行语言创新。例如,为了喜剧和幽默的效果,夸张地模仿他人风格。这些模仿不仅是为了嘲弄原始来源,以他人为代价制造幽默,也是为了在不同群体间建立联系。作者关注年轻人如何混合、匹配、组合来自各种类型的语言和文化资源。混合资源一方面成为年轻人在非正式场合下的一种娱乐方式,同时又是一种将自己描绘成具有批判精神和对大众文化、跨文化实践、教育学创新有反思能力的说话者的方式。例如,卡通片中特定角色的脏话被用于大学海报,这两种语境间的不协调感和陌生化成为语言消费者的娱乐源泉。

在第八章中,作者得出结论,年轻人的社会语言现实是混合在一起的,在批判性语言教学中考虑这一现实非常重要。大众流行文化给他们的语言实践带来多样性,并跨越与其全球周边定位相关的语言和文化界限。因此,作者建议在语言规划、语言教育政策、教学实践等领域,减少对语言知识的依赖是很重要的,因为这种依赖会以牺牲语言多样性为代价。换句话说,应该关注"全球化世界中的社会双语:一个稳定但充满活力的、多种语言功能相互关系的交流网络"(García,2009a:79、2013)。作者建议研究者关注非英语流行文化在年轻人生活中的作用,特别关注文化形式的区域性流动——如韩剧、印度电影和亚洲及其他国家、地区的歌曲——及其文化和语言影响。

3. 简要评价

社会经济的高速发展,使人们的生存空间迅速扩大。面对全球化进程所带来的多语并存的现实,不论是国家、地区、社会,还是家庭、个人都必须做出语言选择,顺应市场进行最佳语言配套,从而最大限度地适应时代需求,使国家语言能力和个人语言能力得到最优配置和最大化释放。

近年来,在"跨语言""超语实践"的框架下,涌现了一批以"trans-"为核心的概念。"超语"从一个全新的角度审视语言使用者的"语库",双语、多语者的语言使用不再是独立自主的语言系统,而是集多语言、多模态、多符号、多感官的复杂系统。对空间的动态分析出现了基于网络民族志的"语言网络民族志"(Kozinets,2002、2015)等概念。但这批研究者集中研究移民的双语能力、身份认同、因跨国跨地区婚姻引发的家庭语言选择、多语言社区的语言运用,大部分都有明确的区域限制,对像本书这类在"虚拟"世界出现的以非身体移动为标志引发的语言多样性关注较少。

孟加拉国和蒙古国在地理位置、人口密度、历史、经济、海拔、气候等方面,都有很大的差异,不论在全球范围内还是在快速变化的亚洲,它们都是看似边缘的角色。该著作的扉页上罗列了一些学者对本书意义的评价:Angel Lin 认为本书的意义在于将讨论从欧洲和北美转移到亚洲周边的年轻人身上;汉堡大学的 Jannis Androutsopoulos 认为这是数码时代一本发人深省的关于年轻人语言的著作,从全球化的角度为社会的符号学实践提供了启示;Jan Blommaert 认为这是当今该领域前沿的社会语言学,具有重要的理论和文献意义。

大众流行文化是以大众传播媒介为手段,旨在使大量普通市民获得感性愉悦的日常文化形态。年轻人快速接受各种文化类型,并自觉或不自觉地将其复制、传播。这种情况下的模因现象丰富了语言交际理论,形成了人和语言的互动模式。以往学术论文和英语产业在全球范围内都将标准英语视为语言学习的唯一选择。引入"跨语言"的理念,是为了从语言整合的角度看待语言使用,研究这种跨语言的语言创造实践与传播将有助于改进语言教学,有助于观察语言自身的表现,指导学习者在社会文化交流中学习语言。

全球化对社会语言学语境的影响是全方位的,即使它的直接影响仅限于少数人,间接影响也会涉及每个人,包括表面上没有被"全球化"的人。全球化的社会语言学以"移动"为常态,全球实践共同体构成的网络成为社会组织的主导形式,群体的多语模式正在变化,语言保持和丧失面临新的课题。当下,社会语言学者面临艰巨的挑战,即如何更新理论和方法来研究全球化的社会语言现象。而这本书若能够激励更多的研究者关注边缘国家,关注弱势群体,或者将目光放得更长远一些,将会为语言发展和进化提供更充足的证明。

参考文献:

1. 大卫·加特曼著,冯红编译,2018,现代文化:统一的大众文化还是分层的阶级文化[J],《文化研究》(3)。
2. Appadurai, A. 1996. *Modernity at Large: Cultural Dimensions of Globalization* [M]. Minneapolis, Minnesota: University of Minnesota Press.
3. Bakhtin, M. 1986. *Speech Genres and Other Late Essays* [M]. In McGee, V., Emerson, C. & Holquist, M. (eds. & trans.). Austin: University of Texas Press.
4. Blommaert, J. 2010. *The Sociolinguistics of Globalization* [M]. Cambridge: Cambridge University Press.
5. Blommaert, J. & Backus, A. 2013. Super diverse repertoires and the individual [A]. In de Saint-Georges, I. & Weber, J. (eds.). *Multilingualism and Multimodality: Current Challenges for Educational Studies* [C]. Rotterdam: Sense Publishers.
6. Canagarajah, S. 2013. *Translingual Practice: Global Englishes and Cosmopolitan Relations* [M]. New York: Routledge.
7. Dovchin, S. 2015. Language, multiple authenticities and social media: The online language practices of university students in Mongolia [J]. *Journal of Sociolinguistics* 19.

8. Garcíía, O. 2009a. Education, multilingualism and translanguaging in the 21st century [A]. In Skutnabb-Kangas, T., Phillipson, R., Mohanty, A. K. & Panda, M. (eds.). *Social Justice Through Multilingual Education* [C]. Clevedon, UK: Multilingual Matters.
9. Garcíía, O. & Wei, L. 2014. *Translanguaging: Language, Bilingualism and Education* [M]. Basingstoke: Palgrave Macmillan.
10. Osumare, H. 2007. *The Africanist Aesthetic in Global Hip-Hop: Power Moves* [M]. New York: Palgrave Macmillan.
11. Pennycook, A. 2007. *Global Englishes and Transcultural Flows* [M]. London: Routledge.
12. Phillipson, R. & Skutnabb-Kangas, T. 1996. English only worldwide or language ecology? [J]. *TESOL Quarterly* 30.
13. Skutnabb-Kangas, T., Phillipson, R., Mohanty, A. K. & Panda, M. (eds.). 2009. *Social Justice Through Multilingual Education* [C]. Clevedon, UK: Multilingual Matters.
14. Sultana, S. & Dovchin, S. 2017. Popular culture in transglossic language practices of young adults [J]. *International Multilingual Research Journal* 11.

附录

Language and Globalization Series《语言与全球化》系列丛书

1. *Identity, Language and Belonging on Jersey*. Beswick, J. (2019) (待出)
2. *Popular Culture, Voice and Linguistic Diversity*. Dovchin, S., Pennycook, A. & Sultana, S. (2018)
3. *Language and Literacy in Refugee Families*. Duran, C. S. (2017)
4. *Language and Migration in a Multilingual Metropolis*. Stevenson, P. (2017)
5. *Internationalizing Teaching, Localizing Learning*. McPherron, P. (2017)
6. *Trans-National English in Social Media Communities*. Dailey-O'Cain, J. (2017)
7. *The Linguistic Landscape of the Mediterranean*. Tufi, S. & Blackwood, R. J. (2015)
8. *Globalizing Language Policy and Planning*. Moriarty, M. (2015)
9. *Transcultural Performance*. Back, M. (2015)
10. *Conflict, Exclusion and Dissent in the Linguistic Landscape*. Rubdy, R. & Ben Said, S. (eds.) (2015)
11. *Language, Immigration and Labor*. DuBord, E. (2014)
12. *Language, Space and Identity in Migration*. Liebscher, G. & Dailey-O'Cain, J. (2013)
13. *Minority Language Promotion, Protection and Regulation*. Williams, C. (2013)
14. *Dangerous Multilingualism*. Blommaert, J., Leppänen, S., Pahta, P., Virkkula, T. & Räisänen, T. (eds.) (2012)
15. *Narratives of Place, Belonging and Language*. Nic Craith, M. (2012)
16. *Challenges in the Social Life of Language*. Edwards, J. (2011)
17. *From Migrant to Citizen: Testing Language, Testing Culture*. Slade, C. & Möllering, M. (eds.) (2010)
18. *Intercultural Journeys*. Jackson, J. (2010)
19. *The Relocation of English*. Saraceni, M. (2010)
20. *Language and the Market*. Kelly-Holmes, H. & Mautner, G. (eds.) (2010)
21. *Language, Discourse and Identity in Central Europe*. Carl, J. & Stevenson, P. (eds.) (2009)
22. *Discourse and Transformation in Central and Eastern Europe*. Galasinska, A. & Krzyzanowski, M. (eds.) (2009)
23. *Linguistic Minorities in Democratic Context*. Williams, C. (2008)

24. *Language and the City*. Mac Giolla Chríost, D. (2007)
25. *Language, Citizenship and Identity in Quebec*. Oakes, L. & Warren, J. (2007)
26. *Discursive Constructions of Identity in European Politics*. Mole, R. (ed.) (2007)
27. *Language Ideologies, Policies and Practices*. Mar-Molinero, C. & Stevenson, P. (eds.) (2006)
28. *Globalization and Language in the Spanish Speaking World*. Mar-Molinero, C. & Stewart, M. (eds.) (2006)
29. *New Ethnicities and Language Use*. Harris, R., Wright, S. & Kelly-Holmes, H. (eds.) (2006)
30. *(Re-)Locating TESOL in an Age of Empire*. Edge, J. (ed.) (2006)
31. *Multilingual Identities in a Global City*. Block, D. (2006)
32. *The Language of Belonging*. Meinhof, U. & Galasinski, D. (2005)

作者简介：吴佳,女,四川天一学院思政(基础)部,讲师,研究方向：汉语国际教育,社会语言学。电子邮箱：wujia1215@icloud.com。

Abstracts of Papers

A Study of Minority Language Policy-making in China

Abstract: Based on the database of Chinese Laws and Regulations, this paper is to sieve out the legal texts containing the contents of minority language policy, and then to classify and analyze the legal texts by status planning, corpus planning and acquisition planning. The study shows that much importance has been attached to the status, corpus and acquisition plannings in law and regulation makings in China. The author, however, argues that legal formation is merely one portion of language policy cycle, the great complexity of reality and the various challenges in the process of implementation may impede the realization of the language policy.

Keywords: legal and regulatory texts; minority language policy; China

Research on British Immigration Language Policy and Its Implications

Abstract: For the sake of national security, the British government has continuously expanded the scope of immigration language testing since the implementation of the immigration language policy, raising the threshold for immigration. The current three-tier language test system of "pre-entry — permanent residence — naturalization" makes Britain a difficult country to immigrate. This strict immigration language policy reflects a kind of "exclusivity", and also has some problems such as lack of language services and neglect of language resources. After analyzing and researching the immigration language policy of the United Kingdom, this paper turns the perspective to the relevant language problems of international immigrants coming to China, and puts forward some questions worth thinking about, hoping to provide some references and suggestions to relevant departments in the formulation of immigration language policy.

Keywords: immigration language policy; language testing; international immigrants coming to China

The Evolution and Development of Language Education Policy in Kenya

Abstract: Starting from the colonial era, the language education policy in Kenya has roughly gone through two stages: colonizer-led period and independent planning period, which finally results in the present mutually exclusive situation between the English-speaking elite and

Non-English-speaking groups in Kenya. Although it is still unsatisfying, the fact that Kenya's national language — Kiswahili has finally become the compulsory course in basic education and been confirmed as the official language together with English manifests the country's emphasis on indigenous languages. However, the increasing marginalization of indigenous languages in education practice is still a serious problem. Influenced by globalization, the economic and cultural value of different languages will inevitably be reflected in the practice of language education. Therefore, the "man-made" African countries, including Kenya, must find a balance among the historical language legacy, the basic language rights of the people and national identity.

Keywords: Kenya; language education policy; linguistic situation

A Study on EFL Teachers' TPACK Level in Northwest Minority Areas

Abstract: A mixed research method is adopted in this paper to understand college English teachers' TPACK level and its influence factors in northwest minority areas. The questionnaire on 92 teachers shows college English teachers' TPACK level is low and so is the technology-related level. Demographic variables as gender, nationalities, teaching age, professional title and training frequency are found to have influence on the elements of TPACK respectively. With an interview of 4 teachers, the study finds that teachers' inadequate cognition of technology, lack of related knowledge and context support are the factors affecting English teachers' TPACK. Three development strategies are put forward for the improvement of TPACK as enhancing teachers' cognition and beliefs of technological knowledge, training their skills through teacher programs and improving the context of TPACK.

Keywords: college English teachers; TPACK; influence factors; develop ment strategies

Research on Talent Cultivation of World-class University: Aims and Paths

Abstract: This paper first compares and contrasts the aims of talents cultivation in three world-class universities of the world, and explains their similarities and differences. Then it makes further analysis of the path concerning talents cultivation from the perspectives of majors and curricula, faculty, educational quality control, internalization, etc. so as to give enlightenments on our cultivation of excellent international talents.

Keywords: world-class universities; talents cultivation; aims and paths

A Study on the "Twice-a-year Matriculation Exams" Based on Analyzing Changes in Teaching and Learning

Abstract: The policy of "Two Exams A Year" for Shanghai college entrance examination has become a controversial issue for the consequences it may bring about. With the mixed approaches of historical literature review, investigation and direct class teaching observation, which are conducted in three high schools of different scales, the article attempts to analyze the changes in teaching and learning, and the consequent advantages and disadvantages of the policy, and to suggest possible remedies for the potential problems.

Keywords: Two Exams A Year; changes in teaching and learning; pros, cons and solutions

Online-course Action Research: Design and Application of College English Culture Course

Abstract: This paper reports the action research of online course making and offline using in the English culture theme course. This course is for the sophomore class of non-English majors. It aims to achieve three teaching goals of the course, namely, language skill goal, cultural knowledge goal and thinking ability goal, and explore better teaching methods. The course has gone through 5 cycles of action research (2014-2019), and the quality of online courses and offline teaching has been significantly improved. It has been proved by practice that action research is an effective way to improve the mixed teaching effect.

Keywords: English culture; online and offline; action research

A Study on the Blended Teaching Mode in Comprehensive English Teaching Based on UMOOC

Abstract: This study, incorporating the quantitative and qualitative research methods, has explored the application of the blended teaching mode in comprehensive English for English majors. It is proved that this teaching mode is instrumental to students' English learning and most students appreciate it. The author has reflected on the problems existing the application and come up with some solutions so as to make full use of the mode and improve the students' learning efficiency.

Keywords: UMOOC; blended teaching; comprehensive English

A Study on the Blended Learning of Writing on a MOOC Course

Abstract: Nowadays blending learning is regarded as an effective teaching method for implementing higher education reform both at home and abroad. MOOC has been becoming increasingly popular among learners due to its unique features including easy-open access, rich learning resources and lifelong learning opportunity. Based on the course design of MOOC named *English Rhetoric and Writing*, the theoretical framework of social constructivism, collected data generated by curriculum iteration and online compositions submitted by learners, this paper highlights the significance of MOOC course learning to satisfy the needs of learners' personalized study habit, and offers feasible suggestions for improving the efficiency of blending teaching and learning.

Keywords: social consructivism; MOOC course; online learning; English writing

Changes of *Common European Framework of Reference for Languages: Learning, Teaching and Assessment*

Abstract: From *Common European Framework of Reference for Languages: Learning, Teaching Assessment* to *Common European Framework of Reference for Languages: Learning, Teaching, Assessment. Companion Volume with New Descriptors*. There are certain amount of changes: adding new projects of illustrative descriptors, adding proficiency levels, supplementing descriptors, updating descriptors. Two editions combine together to be the most influential guiding document for language education in Europe. It will also give a reference to the language education in China.

Keywords: European languages; language compentence; descriptors; changes

Pick the Fruits of Language and Characters, Write a New Chapter of the Policy Era — *On Work of Language and Characters in P. R. China*

Abstract: *On Work of Language and Characters in New China* was written by Guan Yanqing and Guan Yichun. This monograph demonstrates the applied theoretical model of Chinese language and character work from three aspects: the function of language and character work is social, the development is stage, and the theory is category. This monograph summarizes the achievements of Chinese language and characters work from the two aspects of the important role of language and writing laws and social effects, and clarifies the direction of future language and characters work from the three aspects of "The Belt and Road" language policy planning, Confucius institute construction and other export-oriented language and writing work prediction and new rural language and characters work.

Keywords: *On Work of Language and Characters in New China*; application theory model; achievements of language and character; direction of language and character work

Review of *Popular Culture, Voice and Linguistic Diversity: Young Adults On- and Offline*

Abstract: At present, the research on the speech communities in European and American countries is quite mature, but there are few systematic works on the language life in Asian countries, especially the language situation of young people. *Popular Culture, Voice and*

Linguistic Diversity: Young Adults On- and Offline, edited by S. Wright and H. Kelly-Holmes, was published by Springer in 2018. Taking Mongolia and Bangladesh as the background, this book makes an in-depth observation of young adults' language practices based on the "transglossic framework". Its experience can not only enrich global sociolinguistic research but also describe, explain and predict the development of speech patterns and behaviors through the Internet age in a better way.

Keywords: language diversity; popular culture; transglossic framework; translanguaging turn

图书在版编目(CIP)数据

语言政策与语言教育. 2019 年. 第 2 期:汉、英/陈坚林总主编. —上海：复旦大学出版社，2019.12
ISBN 978-7-309-14775-9

Ⅰ.①语… Ⅱ.①陈… Ⅲ.①语言政策-文集-汉、英 ②语言教学-文集-汉、英 Ⅳ.①H0-53

中国版本图书馆 CIP 数据核字(2019)第 288331 号

语言政策与语言教育. 2019 年. 第 2 期:汉、英
陈坚林　总主编
责任编辑/陈彦婕

复旦大学出版社有限公司出版发行
上海市国权路 579 号　邮编：200433
网址：fupnet@fudanpress.com　http://www.fudanpress.com
门市零售：86-21-65642857　　团体订购：86-21-65118853
外埠邮购：86-21-65109143
当纳利(上海)信息技术有限公司

开本 787×1092　1/16　印张 8.25　字数 187 千
2019 年 12 月第 1 版第 1 次印刷

ISBN 978-7-309-14775-9/H·2955
定价：25.00 元

如有印装质量问题，请向复旦大学出版社有限公司发行部调换。
版权所有　侵权必究